21세기 물류혁명을 위한

유비쿼터스 혁신전략

계명대학교 출판부
Keimyung University Press

목차

머리말

1999년 미국 MIT에 Auto-ID센터(EPCglobal의 전신)가 설립된 이후 월마트, 메트로, 알버슨, 타켓, 마크 앤드 스펜서, 세이프웨이, DoD 등 수 많은 기업과 정부기관이 RFID/USN(Radio Frequency IDentification/ Ubiquitous Sensor Network) 기술의 확산을 위해 노력해 왔다. 우리나라도 2004년 이후 정부의 주도하에 RFID/USN의 기술개발과 적용을 위해 적잖은 예산을 배정하고 정책지원을 아끼지 않고 있다. 그러나 기술의 확산속도가 기대보다 저조하자 일부에서는 RFID에 대한 회의론을 제기하기도 하였다. "정부 주도로 확산될 수 없는 분야인데 정부가 너무 나서는 것 아니냐"는 의견과 "태그와 리더기의 단가가 너무 높아 확산되지 않고 있다"는 등 의견이 분분하다.

모두 다 옳은 주장이나 그 주장들이 서로 맞물려 있다. RFID/USN 기술을 도입하는데 사실 적지 않은 비용이 든다. 기업의 입장에서 초기 투자비용의 경제성(ROI)에 회의를 갖고 있는 이상, 지금의 바코드 시스템으로도 잘 돌아가는데 추가 투자를 할 기업은 별로 없을 것이다. 한편 RFID/USN 분야는 향후 성장잠재력이 매우 높아 국가적 차원에서 미래성장을 위한 씨를 뿌리지 않으면 안되는 분야로 정부는 파악하고 있다. 그래서 기술의 수요창출 차원에서 정부는 대기업을 중심으로 시범사업을 추진해 왔으며 이러한 시범사업이 촉매제가 되어 RFID

관련 기술개발에 투자하는 전자·IT 벤처기업들이 늘어나고 있다.

지난 몇 년간 정부 주도의 시범사업에 참여하였던 기업들은 RFID/USN을 기반으로 하는 유비쿼터스 물류 인프라가 제공하는 신속성, 편리성, 투명성과 같은 탁월한 효과를 인식하고 사업적 기회를 적극 모색하고 있다. 그간 확산에 걸림돌이 된다던 태그의 단가도 계속 떨어지고 있으며, 다양한 환경에 맞는 커스텀된 태그도 출시되고 있으며, 태그 인식률 문제도 개선되는 등 기술적 장벽이 하나 둘씩 무너지고 있다. 2009년 가트너 그룹은 RFID 기술이 이제 환멸의 바닥(Trough of Disillusionment)을 치고 본격적인 계몽(enlightenment)의 시기가 도래하지만 거대한 규모의 확산에 이르기까지는 또 다른 5~10년이 소요될 것으로 보았다. ABI Research는 2010년을 기점으로 향후 5년 동안 패션 의류, 자산관리, 능동형 태그가 전체 RFID 시장의 성장률을 훨씬 웃돌아 현재 9.3%의 점유율이 2014년이 되면 12.7%로 늘 것으로 예측하였다. 특히 커스텀 능동형 태그는 헬스 분야, 제조업, 항공우주 및 군수산업, 운송업 분야에서 실시간 위치추적(RTLS)과 관리에 필요한 기술이어서 성장잠재력이 매우 크다.

이 책은 기업의 유통·물류관리와 공급망관리(SCM)에 RFID/USN 기술의 적용에 초점을 두었다. 우리나라 물류산업의 경쟁력은 선진국들과 비교해서 상당히 뒤처져 있지만, IT강국으로서 광범위한 초고속 유·무선 인터넷 인프라를 보유하고 있기에 RFID/USN 기술을 앞세운 유비쿼터스 물류환경을 구축하는데 매우 유리한 위치에 있는 것도 사실이다. 저자는 RFID 시스템을 구성하는 하드웨어, 소프트웨어, 미들웨어와 애플리케이션의 개발과 구축을 담당하는 엔지니어와 프로그래머를 위해 이 책을 썼다기보다 첨단기술의 기능적 요소에 대한 기본적 이해를 바탕으로 이를 기업의 경영활동과 프로세스의 혁신에 적용하는 일을 기획하고 실천하는 IT기획자와 경영전략가를 위해서 저술하였다.

따라서 이 책은 RFID/USN의 기술적 측면을 이해하는데 도움이 되는 필요한 기초적인 내용을 소개하기도 하지만 이런 기술들의 현주소, 한계점 그리고 SCM과 유통 · 물류관리에 적용하는 방법과 사례에 더 많은 지면을 할애하였다. 즉 SCM과 유통 · 물류관리 영역에 RFID/USN을 기반으로 한 유비쿼터스 인프라의 구축을 통하여 고객과 시장변화에 대한 신속한 대응력, 재고비용의 절감, 리더타임의 감소를 얻고자 하는 IT기획 실무자들에게 유용한 책이 되도록 하였다. 물론 이 분야를 연구하는 대학원생과 연구자들에게도 요긴한 책이 될 것으로 저자는 믿는다.

구체적으로 저자는 1, 2, 3, 4장에 걸쳐서 우리나라 물류경쟁력의 현실을 살펴보고 물류경쟁력의 획기적 개선을 위해 유비쿼터스 기술, 특히 RFID/USN 도입의 필요성과 역할 그리고 정부의 노력을 서술하였다. 5장 물류관리 첨단기술 목록에서는 오늘날 물류활동의 고도화에 필요한 다양한 IT과 네트워크를 설명하였으며, 6장 RFID/USN에서는 유비쿼터스 물류인프라를 구축하는데 필요한 핵심적 구성요소인 RFID/USN 관련 기술들을 다소 심도 있게 서술하였다. 유비쿼터스 유통 · 물류시스템을 기획하는 실무자가 알아야 할 기초적인 내용을 다루었기 때문에 높은 공학적 지식을 요구하지는 않는다. 7장 RFID/USN 산업정책은 이 분야의 산업 육성을 위해 지금까지 중앙 및 지방정부가 어떠한 일들을 하였는지를 설명하고 있어 SCM 혁신을 위해 RFID/USN의 도입을 고려하는 기업들과 RFID/USN 관련 벤처기술기업들이 참조할 수 있는 내용으로 채워져 있다. 8장 RFID/USN의 활용사례는 실제로 RFID/USN의 도입을 통하여 프로세스 혁신을 이루고 성과를 낸 업종과 기업들의 사례를 광범위하게 다루고 있다. 개략적인 내용만 소개하는 분야별 사례와 깊이 있는 내용을 담고 있는 기업체의 심층사례로 나누어져 있다. 9장 u-물류관리 인프라 구축모델에서는 저자가 실제로 관여한 시범사업안을 설명하였다. 시범사업안은 특별히 대구·경북지역에 적합한 내용으로 구성하였다. 시범사업안의 전개를 위해 u-물류관리 인프라에 대한 전반적인 검토가 있었으며 경제적, 실무적 시사점도 추가하였다.

2008년 이명박 정부가 출범하면서 정부부처가 통폐합되었다는 것은 잘 아실 것이다. 저자가 참조한 일부 자료들이 노무현 정부시절의 부처명으로 되어 있는데 이에 변경된 현재 명칭을 추가해 줌으로써 최대한 혼선을 줄이려 노력하였다. 정보통신부가 해체되면서 이 부서가 기존에 수행하고 있던 많은 기능들(예: 정보화 및 IT기획 및 관리기능)이 지식경제부, 국토해양부, 행정안전부로 나뉘어져 있어 정확한 소관부서를 확인하기 위해서는 해당 부처의 홈페이지와 담당자를 접촉하는 것이 가장 빠를 것으로 생각된다. 그간 물류관련 정책은 건설교통부, 산업자원부, 해양수산부 등으로 분산되어 있었는데 조직 통폐합으로 인해 다소 집중된 것 같다. 특히 RFID/USN 관련 정책은 과거 산업자원부와 정보통신부가 나누어 주도하였는데 이명박 정부에서는 지식경제부가 주도하고 있다. 지경부의 정보통신활용과는 RFID/USN 정책 및 산업을 담당하고 있으며, 행정안전부 유비쿼터스 기획과는 전자정부와 공공서비스와 관련된 RFID/USN 정책을 담당하고 있다.

일부 통계는 최신 것으로 업데이트하기가 어려웠다. 체계적인 물류정책수립을 위해서 물류시설현황, 물동량현황 및 이동경로 등에 대한 정확한 통계가 필연적이다. 이를 위해 「물류정책기본법」도 있어 업체들이 조사에 협조하도록 규정하고 있지만 조사에 대한 인식부족, 조사거부, 등록업체 목록의 부재 및 관리소홀로 정확한 자료가 없다는 점이 다소 오래된 통계자료에 대한 구차한 변명으로 이해해 주시기 바란다.

모쪼록 유통·물류 환경의 첨단화와 u-SCM의 구축을 통해 기업의 경쟁력을 높이기 위해 불철주야 애쓰시는 모든 경영혁신자들에게 이 책이 조금이나마 도움이 되기를 기원하며 이 저서를 마무리 할 수 있도록 2009년 9월부터 1년간 연구년을 허락한 계명대학교에 심심한 감사의 말씀을 전하면서 머리말을 맺고자 한다.

2010년 9월

계명대 성서캠퍼스에서 저자

제1장 새로운 지평

지난 참여정부는 2003년부터 '동북아물류중심전략'을 추진해 왔다. 이를 위해 물류기반시설의 확충, 자유무역지역의 조성, 경제자유구역의 지정, 물류기업의 육성, 통관 및 물류정보체계의 개선을 위해 노력을 해 왔다. 그러나 우리나라가 동북아물류중심지가 되기에는 여전히 걸림돌이 많다. 글로벌 물류기업들은 M&A와 전략적 제휴를 통하여 규모와 분야를 확대하고 물류거점에 대규모 투자를 하면서 글로벌 네트워크를 강화하고 있다. 글로벌 물류기업들은 중국시장에 사활을 걸고 중국연계 네트워크 확충에 주력함에 따라 중국에 직항하는 항공 및 해운노선도 빠르게 증가하고 있다. 여러 국가와 FTA체결을 통한 경제자유화로 인해 항공 및 물류부문에 외국자본의 진출이 늘고 있는 것도 무시할 수 없다. 이렇게 급변하는 물류환경에 견줄 때 국내의 물류환경을 개선하기 위한 노력은 아직 미진한 편이다.

대구 · 경북의 경제가 어렵다는 것은 물론 어제 오늘의 일은 아니다. 지역의 GDP(국내총생산)는 인구감소와 더불어 몇 년 내에 감소 추세로 돌아설 것으로 예측된다. 대구의 GDP는 1998년부터 2006년까지 증가세가 조금씩 떨어지는 추세였지만 2010년쯤부터는 완전히 감소세로 돌아설 것으로 예측되고, 경북은 1998년부터 2006년까지 증가세가 조금씩 둔화된 현상을 보였지만 2011년부터 감소세로 바뀔 것으로 전망되고 있다. 이러한 상황에서 물류(logistics)는 성장여지가 많은 분야이며 타 산업의 발전과 더불어 가는 인프라 산업이어서 그 혁신이 갖는 파급효과는 매우 큰 분야라 할 수 있다.

우리나라의 물류 경쟁력을 살펴보면 지난 95년에 48조1850억원에 불과하던 물류비가 2000년 66조7000억원으로 해마다 6~7%씩 증가하면서 우리 경제의 효율성을 압박하는 요인이 되고 있다. 교통개발연구원(KOTI)에 따르면 물류비(66조7000억원)의 64.2%(42조7920억원)가 수송비, 20.6%(13조7520억원)가 재고관리비라고 한다. 이처럼 국내총생산(521조9592억원)의 12.8%를 물류비가 차지하므로 생산원가가 높아지는 등 제품의 취약한 국제경쟁력의 원인이 되고 있다.

대구시와 경상북도는 각기 또는 공동으로 지역의 물류 경쟁력 강화를 위해 부단히 노력해 왔다. 최근 대구·경북의 경제통합, 포항 영일만 신항 구축, 동남권 허브공항개발 등이 2007년 대선을 치르는 해를 맞아 집중 조명을 받았다. 이러한 사업들은 지역에 대한 외부인들의 접근성을 높여 비즈니스 활동에 요구되는 시간을 절약하므로 업무효율성을 제고하기 위한 측면도 있을 뿐만 아니라, 지역 내 물류와 역외로부터 들어오는 수입물류 및 역외로 나가는 수출물류의 운송과 보관의 효율성 증대를 목표로 하고 있다.

대구시와 경상북도의 2006~2007년 시정방향과 역점시책들을 보면 물류인프라의 첨단화를 통한 지역의 경쟁력 향상에 많은 초점을 두고 있음을 알 수 있다. 포항 영일만 신항은 부산항, 신항, 광양항 등 기존 매머드급 항구를 보조하며 틈새시장 공략에 충분한 규모가 되고 특히 지역 수출입 업체들의 주거래지인 중국과 동남아 시장을 커버하기에 안성맞춤이다. 동남권 허브공항 개발은 동남권에 거주하는 1,300만 주민들의 항공접근성을 제고함은 물론 외국사람들의 동남권 접근성을 용이하게 한다는 점에서 많은 설득력을 얻고 있다.

한편 두 지역 모두 첨단 신산업(IT, BT, NT분야)의 창출과 주력산업의 고도화에도 많은 노력을 기울이고 있다. 이러한 노력은 인터넷, 모바일, 유비쿼터스 컴퓨팅이라는 정보화의 새로운 기술들을 활용한 u-City, u-Province를 지향하는 양 지역의 정보화 및 신산업정책 방향과 일치한다고 볼 수 있다. 대구시는「모바일단말상용화센터」,「신기술산업지원센터」, 중소 · 벤처기업, 차세대 선도산업기술 연구개발 등을 지원하고 있으며, 경상북도는 구미 · 칠곡 · 경산 · 영천을 중심으로 한 서 · 남부권 가전 · 전자 · 정보기기분야의 IT산업 육성, 정보화 기반을 확충하여 '유비쿼터스 경북' 실현 사업들과 연계하고 있다.

이러한 지역적 상황에서 증가하는 물류수요에 체계적으로 대응할 수 있는 효율적인 첨단 물류인프라의 구축에 대한 욕구도 계속 증대하고 있다. 본 저서가 다루고자하는 대상인 물류인프라의 범위는 <그림 1>과 같다. 크게 유통활동을 포함하지만 그 중에서 특히 물류활동(물적조성)에 국한되는 것으로 물자유통, 정보유통활동을 지원하는 하드웨어, 소프트웨어, 표준, 인적자원을 포괄하는 개념으로 볼 수 있다.

구체적으로 저자는 물류인프라의 고도화에 필요한 첨단 유비쿼터스 기술을 접목하는 것에 초점을 두었다. 물류 인프라의 첨단화를 통하여 유통 및 물류시스템을 혁신하고 물류의 효율성을 증대시켜 기업들의 물류 및 재고비용의 절감을 통하여 산업과 기업의 경쟁력을 제고 하는데 있다. 특히 이 책에서는 RFID(Radio Frequency Identification: 전자태그)/USN(Ubiquitous Sensor Network)을 주축으로 하는 유비쿼터스 기술을 물류와 유통시스템의 혁신에 접목하고자 한다. 지식경제부는 RFID/USN을 미래 신성장동력의 하나로 보고 있으며, 국내 반도체 기업들이 세계 최고의 반도체 공정기술과 IT생산력이 있어 세계적인 생산 · 공급 기지로 도약할 수 있을 것으로 기대하고 있다.

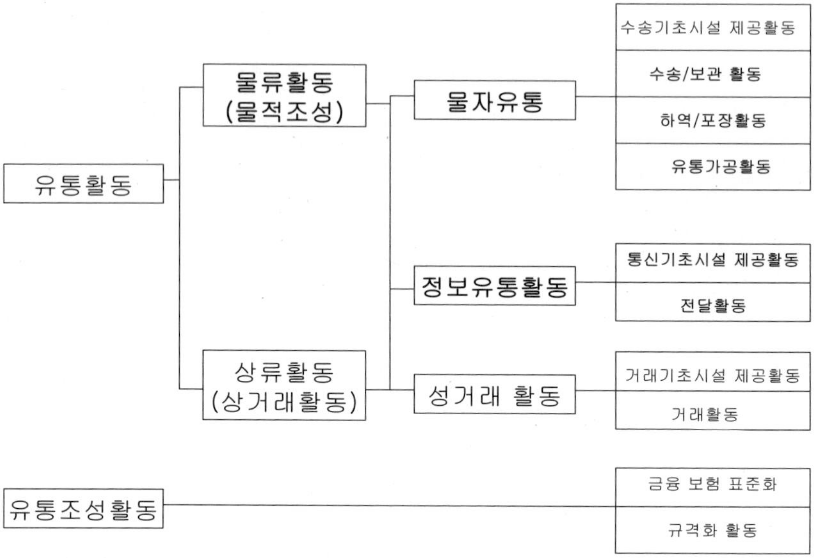

그림 1 물류활동의 체계

자료 : 건설교통부(2000)

RFID는 그 가격이 계속 떨어지고 성능은 계속 향상되고 있어 물류 및 유통관리와 같은 거대시장을 형성할 수 있는 분야로까지 그 활용범위가 계속 넓어지고 있다(이동만 등, 2006). 지금까지 RFID기술이 가장 많이 적용된 분야는 자산관리(asset management) 분야였으나 유통, 물류 분야가 급성장함에 따라 세계적인 대형 유통업체들을 중심으로 RFID 시스템의 도입이 증가하면서 SCM 분야의 시장이 가장 커질 것이라는 ABIresearch(2004)의 전망도 있다.

그러나 국내 상황은 그다지 호의적이지만은 않다. 많은 연구기관들이 RFID 기술에 대한 장밋빛 전망을 내어놓고 있으며 기업들도 시험적 프로젝트들을 론칭하고 있다. 그러나 리더십을 갖고 RFID를 도입하려는 기업이 많지 않고, RFID를 도입함으로써 얻게 되는 효과를 가시적으로 보여준 비즈니스 모델도 별로 없는 상황이다. 그 이유는 새로운 기술이 상용화되기까지 도입비용이 비싸고 식별코드의 표준화문제, 프라이버시 침해문제 및 기술적, 제도적 문제점이 많아 기업들이 RFID 도입을 관망하고 있기 때문이다. 이런 가운데 이 책이 물류혁신을 위한 RFID/USN기술의 접목 가능성과 구체적인 적용 모델을 탐색하고 이를 구현하는데 필요한 전략적 지식을 제공할 수 있었으면 한다.

본 연구의 목적을 달성하기 위해서 다양한 문헌을 수집하고 분석할 예정이며, 아울러 관련 기업과 유관기관을 방문하여 담당자들과 인터뷰를 통하여 필요한 자료를 수집하였다. 탐방한 업체들은 유통업체(할인점, 백화점), 유통업체의 물류센터(창고), 제조업체, 제조업체들의 상하역 및 창고시설, 대기업 제조업체들이 운영하는 대형 물류센터, 전문물류업체 등을 탐방하여 담당자들을 인터뷰하였다. 아울러 지역의 RFID 관련 IT기업과 연구소를 탐방하여 지역의 유비쿼터스 기술의 현황도 파악하였다. 별첨자료 <표 1>은 탐방한 기업들의 리스트를 보여주고 있다.

제2장 물류 경쟁력의 현실

한국개발연구원(KDI)은 1997년 외환위기 이후 한국경제성장이 계속 더뎌지고 있는 원인을 서비스업의 낮은 생산성 때문이라는 진단을 내린 바 있다. KDI는 "외환위기 직후 6%까지 떨어졌던 제조업의 연평균 부가가치 증가율은 2006년 8.9%까지 회복됐지만 서비스업의 부가가치 증가율은 외환위기 이후 9년 동안 2～3% 수준에서 맴돌고 있어 성장 둔화의 원인이 되고 있다"고 분석했다(조선일보 2007.4.20 A35면). 통계청 표준산업분류에서 서비스업이란 도·소매업, 숙박·음식업, 운수업, 통신업, 금융보험업, 부동산임대업, 교육서비스업, 사업서비스업(법률·회계) 같은 14개 산업, 543개 항목을 가리킨다. 우리나라 서비스업은 생산성을 기준으로 한 국제경쟁력에서 미국의 3분의 1, OECD 회원국 평균의 2분의 1에 불과하다는 사실은 널리 알려져 있다.

비효율적인 물류서비스는 서비스업의 낮은 생산성의 원인 중에 하나로 꼽을 수 있다. 지난 95년 48조1850억원에 불과하던 물류비가 2000년 66조7000억원으로 해마다 6～7%씩 증가하면서 우리 경제를 압박해 왔다. GDP 대비 물류비의 비중이 미국과 일본에 비교하여 높은 것으로 나타났다. 국제화물수송비(국제항공 및 해운수송비)를 제외할 시, 한국은 12.5% (2003년 기준), 미국은 9.5% (2001년 기준), 일본은 9.59% (1997년 기준)로 가장 높았으며 GDP대비 비율과 톤당 물류비도 나아지지 않고 있다(<표 2-1> 참조). 이처럼 높은 물류비용은 국제경쟁력을 어렵게 만들며 동북아 경제중심 국가 건설을 요원하게 만들 수 있다. 물류비 부담이 크면 클수록 생산원가가 높아지고 제품의 국제경쟁력이 떨어지기 때문이다. 세계 각국이 도로나 항만 등 사회간접자본(SOC)에 대한 투자를 늘리는 것도 물류비가 바로 경쟁력과 직결된다는 판단에서이다. 그런 측면에서 보면 날이 갈수록 물류비 부담이 커진다는 것은 우리 상품의 대외경쟁력이 약화됨을 의미하기 때문에 매우 심각한 문제가 아닐 수 없다.

표 2-1 국내 물류비 및 GDP대비 비율

연도	2000	2001	2002	2003	2004	2005
물류비 (단위 10억원)	77,119 (94,118)	80,792 (99,116)	87,032 (106,952)	90,345 (112,160)	92,450 (n/a)	101,019 (n/a)
GDP대비 비율(%)	13.3 (16.3)	13.0 (15.9)	12.7 (15.6)	12.5 (15.5.)	11.9 (n/a)	12.5 (n/a)
톤당 물류비	n/a	54,556	58,861	53,775	50,745	59,429

주. ( )안 수치는 국제화물수송비를 포함할 때 금액과 비율을 말함
n/a: not available

전국경제인연합회는 2003년 9월에 종업원 300인 이상 대기업 119개와 300인 이하인 중소기업 13개의 물류관리방식을 조사한 바 있었다(전국경제인연합회, 2003). 55%가 자가 물류, 26%가 제3자 물류, 16%가 물류자회사 위탁, 3%가 기타였다. 이것은 선진국 제조업체의 70% 이상이 제3자 물류를 이용하는 것과 비교하면 전문적인 3자 물류이용이 매우 저조하다는 것을 알 수 있다. 물류업체의 영세성, 비전문성으로 인한 비경제적 요인들은 서비스업의 낮은 생산성의 원인이 되고 있다.

그리고 우리나라의 화물운송은 지극히 도로에 편중되어 있다. 톤(ton)기준으로 국내화물 수송실적을 보면, 2001년에는 87.8%, 2002년에는 88.1%가 도로(영업용, 비영업용 모두 포함)를 이용하여 운송하였으며, 톤-km기준으로 화물운송실적이 2001년에 비해 2002년에는 약 8.77% 증가하는데, 이 중에 도로는 12.75%, 철도, 해운, 항공은 각각 2.79%, 4.74%, 1.32% 정도 증가하였다(이재민, 서상범 2002).

정봉현(2005)은 기업이 접하는 물류환경의 변화를 크게 i) 물류거점의 집중화, ii) 생산의 유연화, iii) 순환시간의 단축, iv) 국제특송시장의 부상으로 요약하고 있는데 이를 간단히 설명하면 다음과 같다.

1 -물류거점의 집중화

거점의 집중화 경향은 생산 및 보관기능을 특정지역에 집중시켜 기존의 공장, 창고의 수를 줄이고, 거점별로 생산과 보관에 필요한 소수의 거점을 선정하여 대형화하는 것이다. 대구 · 경북이 추진하고 있는 '영남권 내륙화물기지', '영천 유통단지'는 이러한 노력의 결과이며 물류인프라혁신을 위한 올바른 방향이라고 볼 수 있다. 향후 이 화물기지는 u-City, u-Province에 포함되는 u-물류관리 인프라를 수용할 수 있는 시설과 기자재를 갖출 수 있어야 할 것이다. 물류시설의 대형화 추세는 경제적인 측면에서 RFID/USN과 같은 첨단기술의 응용을 보다 용이하게 할 수 있다.

2 –생산의 유연화

오늘날 고객의 다양한 요구에 부응하기 위해 기업들은 다품종 소량 생산시스템으로 전환하고 있으며, 자재흐름을 개선하고 time-to-market[1]을 최소화하기 위해 노력하고 있다. 치열한 글로벌 경쟁을 하고 있는 전자산업(반도체, 휴대폰, 가전제품 등)의 경우, 제품의 수명주기는 계속 짧아지고 있으며 시장에서 빈번하게 발생하는 수요변동에 생산시설이 유연하게 대응할 수 있어야 한다. 이러한 대기업들에게 원자재를 공급하고 있는 중소 협력업체들 역시 생산능력이 유연해져야 하며, 물류업자와 긴밀한 유대관계를 통하여 더욱더 빈번하게 원자재를 배달하는 노력을 기울일 수밖에 없다. 이를 위해 화주와 운수회사 간에 더욱 긴밀한 협력과 정보공유가 필요하며, 지능형교통시스템(ITS), 화물차량 위치를 식별할 수 있는 GPS(Global Positioning System), 교통지리정보시스템(GIS-T: Geographical Information System for Transportation), 이동체 위치파악 시스템(AVLS: Automatic Vehicle Location System)으로 구성된 u-운송 인프라의 구축이 더욱 필요해 진다. 즉 유연한 생산을 뒷받침할 수 있는 유연한 물류전략이 뒷받침되어야 한다.

3 –순환시간의 단축

원자재와 부품의 재고상태 시간을 최소화하여 재고회전율(inventory turnover)을 증가시키기 위해 공급망(supply chain)으로 묶여있는 협력기

---

1) 제품의 개발에서 시장으로의 출시에까지 걸리는 시간

업들은 상호신뢰를 기반으로 정보기술의 활용이 더욱 긴요해 지고 있다. 고객기업의 생산계획정보를 네트워크(인터넷망)를 통하여 공유하게 되면 협력업체는 Just-In-Time방식으로 원자재와 부품을 공급하여 이동 중 재고가 되어 장기적으로 생산현장 머무는 시간을 최소화할 수 있다. u-물류관리 인프라는 수시로 있게 되는 원자재의 입 · 출하절차를 간소하게 만들며 그 과정에서 생성되는 물류정보는 바로 재고DB와 기업의 ERP에 연결되어 활용될 수 있을 것이다. 삼성전자, LG전자와 같은 대기업과 이들에게 부품을 공급하는 협력업체간에 기존의 바코드 대신 RFID방식을 이용한 재고관리 · 주문 · 검수 · 납품 시스템을 도입하려는 시도들이 모두 이런 경영환경의 변화에 대한 대응책이라 할 수 있다.

4 —국제특송시장의 부상

생산자와 소비자간 직거래가 주요한 국제거래방식으로 정착되면서 이에 부합되는 배송시스템이 필요해지고 있다. 상품의 주문과 동시에 상품을 수령하려는 소비자의 욕구에 부응하여 현지생산 · 현지보관 · 현지배송이라는 물류시스템과 더불어 화물운송시스템이 구축되고 인터넷의 활용이 활성화되고 있다. 특히 전자상거래가 확대됨에 따라 인터넷을 통한 소량 · 다품종거래가 활성화되면서 상품 배송량이 증가하여 국제 특송시장은 상대적으로 더욱 부상하고 있다. 따라서 물류 인프라의 혁신은 첨단 IT기술을 물자유통(수송, 보관, 하역, 포장, 유통가공)과 물류 정보유통활동(통신기초시설, 전달)에 적용해야 함은 물론, 우리나라의 화물수송의 큰 부분을 차지하고 있는 육로화물운송의 혁신도 u-물류인프라 개선의 대상이 되어야 할 필요가 있다.

제3장 대구·경북의 물류 환경

FTA 체결의 증가와 디지털 경제의 확대로 인한 경제구역의 무국경화는 국제물류를 급격하게 증대시키고 있다. 특히 대구 · 경북지역은 남 · 북한, 러시아의 블라디보스톡, 중국의 동북3성, 일본으로 형성되는 환동해 경제권의 중심에 위치하고 있어 물류에 있어 지정학적 중요성이 더욱 부각되고 있다. 이를 지역발전의 계기로 삼기 위하여 영일신항권 개발을 통한 대구경북지역의 물류산업클러스터 조성이 필요하다. 영일만 신항, 신항만 배후단지, 대구국제공항, 영남권 내륙화물기지 등의 물류거점들과 구미-대구-포항을 연결하는 생산 및 R&D 거점들이 체계적이며 효율적으로 연계되어 권역내, 권역간 상호 협력을 유도하는 통합적인 물류네트워크체계 구축의 필요성이 제기된 바 있었다(하영석, 고용기, 2005).

경제규모 면에서 대구 · 경북지역의 상대적 위상이 약해지고 있는 상황에서 지속적인 혁신을 통한 지역 산업의 차별화와 고부가가치화는 더욱 필요하다. 특히 배후 항만과 두 지역의 주요 산업으로 구성된 지역특성화산업 클러스터는 이들 관련 업체들 간에 오가는 물류의 효율적인 관리를 더욱 필요로 한다. 이를 위해 생산, 보관, 하역, 포장, 가공, 제조, 운송 등을 아우르는 원스톱 통합물류서비스는 혁신적 산업클러스터에 필연적으로 동반되어야 할 인프라라 할 수 있다. 구미-대구-포항권은 영남권 경제의 중심 벨트로 지역 경제의 심장부라 할 수 있는데, 이 지역들이 가진 핵심 역량을 결집하고 통합 경제의 시너지를 창출할 수 있는 물류 인프라에 대한 연구는 많이 미흡한 상황이다.

지방자치단체가 사회간접자본을 정비한다 해도 투자할 수 있는 자본에는 늘 한계가 있기 마련이다. 환경대책, 교통대책에 개개의 기업이 대응하는 것도 어려울 뿐만 아니라 개별기업이 물류효율화를 위한 노력도 한계가 있을 수밖에 없다. 최근 들어 물류 효율화를 위해 협력이 필요하다는 의견이 많은 힘을 받고 있다. 개별 기업이 혼자 잘해 보겠다는 기업이기주의, 자기중심주의는 가치사슬(value chain) 선상에 있는 기업들이 함께 공유하는 경쟁력이 더 중시되는 오늘날에는 더 이상 통용되지 않기 때문이다. 그래서 지금까지 일반적으로 화주기업이 자비부담으로 물류를 수행해 왔지만 최근 들어서 타 기업과의 연대, 제휴와 같은 동맹의 필요성이 높아지고 있어 공동화와 협업화의 실현이 물류에 있어서 절실해 지고 있다(로지스틱스 21, 2006).

1 –대구·경북지역의 물류 경쟁력

대구가 전국에 비해 물류비 비중이 높은 원인은 수송비가 과다하기 때문이다(<표 3-1> 참조). <표 3-2>에 의하며 98년부터 2001년까지 4년간 재고유지관리비가 6.79%로 하락한 것을 제외하면 수송비, 포장비, 물류정보비, 일반관리비가 각각 꾸준하게 증가해 왔다. 특히 수송비가 가장 높은 증가율을 보이고 있으며, 대구의 총물류비 중 수송비가 2001년 기준으로 약 83%였는데 이는 국가 전체 물류비에 대한 수송비 비중이 2001년 68.1%, 2002년 72.7% 보다 훨씬 높은 것이었다(이재민, 서상범, 2002; 이영수, 이종학, 2004).

표 3-1 GDP대비 전국 물류비 및 GRDP 대비 대구지역 물류비 비중(단위: %)

연도	GDP대비 전국 물류비	GRDP대비 대구지역 물류비
1999	12.88	16.53
2000	12.78	16.09
2001	12.23	16.21

표 3-2 대구의 물류비 규모(단위: 백만원)

연도	수송비	재고유지 관리비	포장비	물류 정보비	일반 관리비	총물류비
1998	1,719,670	442,896	43,744	102,916	96,285	2,405,511
1999	2,068,262	374,384	51,630	97,744	98,001	2,690,021
2000	2,202,092	325,268	46,958	94,583	98,382	2,767,283
2001	2,466,437	267,868	48,996	93,896	100,766	2,977,963
연평균 증가율	8.52%	-6.79%	1.58%	3.00%	3.95%	5.97%

2 대구지역의 물류관리 실태

대구경북연구원은 2003년에 대구시 도시물류현황을 조사하면서 <표 3-3>와 같은 모집단수를 집계한 바 있다(대구광역시, 2004).

표 3-3 대구광역시 물동량 조사의 모집단수

구분	광업	제조업	도·소매업	창고업	운송업	운송주선업	하역업	포장업	합계
모집단수(개)	11	7,091	4,571	43	188	61	7	13	11,985

1) 광업/제조업

대구지역과 경북지역의 기업들 중에 물류아웃소싱이 필요한 기업을 광업/제조업기준으로 2005년도 업체 수는 각기 6928개와 6223개가 있으며, <표 3-4>와 <표 3-5>은 업종들을 요약해서 보여주고 있다. 양 지역에서 공동으로 상위에 랭크된 업종을 보면 i) 섬유제품제조업, ii) 조립금속제품제조업, iii) 기타 기계 및 장비제조업, iv) 고무 및 플라스틱 제품제조업으로 나타났다.

제조업 중 99%가 중소기업이어서 최종제품 보다는 중간재 형태의 제품을 대기업에 납품하고 일부는 수출하는 형태로 거래가 이루어지고 있다. 따라서 물류관리는 대부분이 소량 다빈도의 근거리 물류에 의존하며 운송도 외주를 주기보다는 차량을 포함한 물류시설을 직접 보유함에 따라 물류비부담이 높을 수밖에 없는 형편이다(이영수, 이종학 2004).

표 3-4 대구지역 광업/제조업 현황(2005년)

업종		업체 수	비율(%)
광업		7	0.3
제조업	섬유제품제조업(봉제의복 제외)	1,642	23.7
	조립금속제품제조업	1,333	19.2
	기타 기계 및 장비제조업	1,013	14.6
	고무 및 플라스틱제품제조업	427	6.2
	봉제의복 및 모피제품 제조업	323	4.7
	기타	2,183	31.3
계		6,928	100.0

자료원 : 통계청(http://kosis.nso.go.kr)
주. 제조업은 상위 5개 업종

표 3-5 경북지역 광업/제조업 현황(2005년)

업종		업체 수	비율(%)
광업		84	1.3
제조업	섬유제품제조업(봉제의복 제외)	924	14.8
	음 · 식료품제조업	693	11.1
	기타 기계 및 장비제조업	645	10.4
	조립금속제품제조업	631	10.1
	고무 및 플라스틱제품제조업	520	8.4
	기타	2,726	43.9
계		6,223	100.0

자료원 : 통계청(http://kosis.nso.go.kr)
주. 제조업은 상위 5개 업종

2) 도매 및 소매업

<표 3-6>과 <표 3-7>은 대구 및 경북지역의 2004년도 도매 및 소매업체의 현황을 요약해서 보여주고 있다. 두 지역 공히 '기타 산업용중간재 및 재생재료 도매업'과 '음 · 식료품 및 담배 도매업'이 40% 이상을 점유하고 있다.

표 3-6 대구지역 도매 및 소매업 현황(2004년)

업 종		업체 수	비율(%)
도매 및 상품중개업	기타 산업용중간재 및 재생재료 도매업	2,596	21.6
	음 · 식료품 및 담배 도매업	2,567	21.4
	가정용품 도매업	2,267	18.9
	기계장비 및 관련용품 도매업	2,083	17.4
	건축자재 및 철물 도매업	1,446	12.1
	기타	1,015	8.6
	계	11,974	100.0
소매업 (자동차 제외)	기타 상품 전문 소매업	9,283	25.2
	섬유, 의복, 신발 및 가죽제품	8,940	24.2
	종합 소매업(대형종합소매업 26개 포함)	5,755	15.6
	음 · 식료품 및 담배 소매업	5,504	14.9
	가전제품, 가구 및 가정용품 소매업	3,477	9.4
	의약품, 의료용 기구 및 화장품 소매업	2,353	6.4
	기타	1.046	4.3
	계	36,869	100.0

자료원 : 통계청(http://kosis.nso.go.kr)

표 3-7 경북지역 도매 및 소매업 현황(2004년)

업 종		업체 수	비율(%)
도매 및 상품중개업	음 · 식료품 및 담배 도매업	1,792	26.5
	기타 산업용중간재 및 재생재료 도매업	1,340	19.8
	기계장비 및 관련용품 도매업	1,049	15.5
	건축자재 및 철물 도매업	832	12.3
	가정용품 도매업	578	8.5
	기타	1,183	17.4
	계	6,774	100.0
소매업 (자동차 제외)	기타 상품 전문 소매업	9,539	24.7
	종합 소매업(대형종합소매업 12개 포함)	8,955	23.2
	섬유, 의복, 신발 및 가죽제품 소매업	6,946	18.0
	음 · 식료품 및 담배 소매업	6,838	17.7
	가전제품, 가구 및 가정용품 소매업	3,003	7.8
	의약품, 의료용 기구 및 화장품 소매업	2,273	5.9
	기타	1,046	2.7
	계	38,600	100.0

자료원 : 통계청(http://kosis.nso.go.kr)

물류산업에 있어 문제점을 요약해 본다면 i) 물류공동화 수준미약, ii) 3자 물류 이용 저조로 나누어 살펴볼 수 있다.

1) 물류공동화 수준 미약

대구광역시(2004)의 조사에 의하면 물류공동화를 시행하고 있는 업체는 3.31%에 지나지 않았다. 물류공동화 이용부문으로는 공동 수배송이 42.12%, 보관이 23.68%를 차지하였다. 업체들이 물류공동화를 원치 않는 이유는 i) 공동화가 오히려 복잡하다(52.87%), ii) 배송시기의 임의 조정이 어렵다(12.74%), iii) 기업간의 조건차이 때문(10.30%), 이 외에 '회사기밀 문제', '물류비용이 절감되지 않는다'라는 이유를 들었다.

2) 3자 물류 이용 저조

대구광역시(2004)에 의하면 3자 물류를 이용하고 있는 업체는 13.06%에 지나지 않았다. 3자 물류를 이용하고 있는 기업도 수배송을 위해 이용하는 비율은 60.9%로 가장 높았으며, 보관부문이 10.9%, 회수물류 반품물류부문이 10.26%, 특수포장 및 유통가공의 부가가치 물류부문이 8.33%를 차지하였다.

<표 3-8>는 전국에 시도별 종합물류서비스 공급업자의 현황을 보여주고 있다. 창고관리, 재고관리, 입출고관리, 수배송관리, 보세물류서비스 등 종합물류대행(3자 물류)서비스를 대행해 주는 업체가 대구와 경북에는 하나도 없다. 전국에서 3대 도시이며 내륙교통의 요충지로 물류거점의 입지가 양호한 대구인데도 대구에 본사를 둔 종합물류서비스 공급업체가 존재하지 않고 단지 지점만 설치되어 운영되고 있는 실정이다.

표 3-8 종합물류서비스 공급업자 현황(단위: 개)

지역	업체 수	비중(%)
서울	74	64.9
경기	27	23.7
부산	5	4.4
인천	5	4.4
경남	2	1.8
충남	1	0.9
계	114	100.0

출처 : 한국아웃소싱기업연감, (주) 아웃소싱타임스, 2004

이러한 미약한 물류공동화와 3자 물류 이용의 저조는 대구시의 물류비의 상승을 부추기는 원인이 되고 있다. 2001년 대구시의 수송비는 약 2조 4,664억원으로 총 물류비 약 3조 1,090억원에서 약 80%를 차지하였으며, 전체 물류비 중 수송비가 비용이 높은 주된 이유는 자가용 화물자동차가 영업용 화물 자동차 보다 더 많은 비중을 차지하고 있기 때문이었다.

화주들이 이용하는 운송업체의 유형을 보면 영업용화물차량은 21.8%, 자사차량과 영업용차량을 동시에 이용하는 업체가 54.3%, 공동수배송은 7.2%여서 외주를 통한 물류관리 절감은 미미하였다(이영수, 이종학 2004). 대부분의 운송업체가 아직도 거의 전화 혹은 팩스에 의존하는 등 물류정보 네트워크가 구축되어있지 않아 불필요한 시간을 낭비하고 화물차량의 교통량 증가를 유발하고 있다(정봉현, 2005).

최근 대구 · 경북의 물류인프라의 개선사항으로 2010년 5월에 완공한 영남내륙권물류기지((주)영남복합물류공사)를 언급하지 않을 수 없다. 이 기지는 화물취급장 7동, 배송센타 3동, 컨테이너 장치장 2.7만평으로 구성되어 있다. 소량 · 다빈도, 장 · 단거리 화물을 집하 · 보관 · 포장하여 대량 수송을 담당함으로서 도로의 교통량을 줄이고 연간 1,000억원에 상당하는 물류비 절감효과를 낼 예정이다(<그림 3-1> 참조).

그림 3-1 영남권 내륙 물류기지 조감도

출처 : www.cginews.net

3 대구시 물류정보화 현황

대구광역시의 2004년 조사에 의하면 대구시 물류정보화율은 58%로 저조하였으며, '물류정보화가 전혀 되어 있지 않다'고 응답한 업체가 42%에 이르렀다. '물류업무가 정보화 되어 있다'라고 응답한 업체 중에서 모든 업무가 전산화된 업체는 20%, 부분적으로 정보화된 업체는 38%(229개 업체)였다. 물류정보화의 적용현황을 보면, 구매 및 판매부분이 약 28%, 재고관리 부문이 약 24%, 수배송 부문이 약 17%로 구매 및 판매 그리고 재고관리에 치중되어 있었다.

대구시의 기업들의 국가종합물류정보망의 이용률도 저조한 편이다. 대구시의 물류정보망 보급률은 약 8.43%이며, 이 중 국가물류정보망을 이용하는 업체는 약 2%에 지나지 않았다. 국가종합물류정보망 이외에 이용하는 물류망은 '자사 물류정보망을 자체 이용한다'라는 응답이 77%로 대부분을 차지하였다. 이 외에도 타사 물류정보망 이용이 약 10%, 민간단체나 협회가 제공하는 물류정보망 이용이 8%, 정보망 전문업체가 제공하는 물류정보망을 이용하는 업체는 5% 정도였다. 대구시 물류업체 중에 EDI를 도입하여 현재 사용 중인 업체는 약 31%였으며, EDI를 활용하는 대상 업무는 '금융기관을 대상으로 한다'가 32%, 공급 및 납품업체를 대상으로 하는 기업이 26%, 내부 관련문서 처리에 이용하는 업체가 19%였다.

끝으로 물류정보화를 하지 않은 이유를 물었을 때 '필요성이 전혀 없다'라고 응답한 업체가 63%여서 물류정보화 인식이 매우 낮았으며, '정보화 인력이 부족해서'가 21%, '예산이 부족하다'라고 응답한 업체도 12%로 나타났다. 같은 맥락에서 국가종합물류정보망을 이용하지 않는 이유는 '비용문제'라고 응답한 업체가 36%로 가장 높았다.

제4장 물류정보화 지원정책

1 중앙정부의 물류정보화 지원정책

국내 물류정보화 관련 정책은 건설교통부(현 국토해양부), 산업자원부(현 지식경제부), 정보통신부(현 지식경제부), 해양수산부(현 국토해양부), 관세청 등에서 해당 법률에 근거하여 물류정보화 정책을 추진해 오고 있다(별첨자료 <표 2> 물류정보화 관련 부처별 정책동향, 정봉현 2005).

중앙정부는 현재 제4차 국토종합계획(2000～2020)을 수립하여 실행에 옮기고 있으며, 물류와 관련된 주요 계획들은 다음과 같다.

i) 시설의 차별화 및 위계화(국가거점물류기지-내륙거점물류센터-지역중심유통단지)를 통한 전국 물류네트워크 구축으로 물류비용을 절감
ii) ICD(Inland Container Depot, 내륙컨테이너 기지) 및 복합화물터미널과 유통단지를 연계하여 전국거점～지역거점～소비자에 이르는 네트워크 구축
iii) ICD 및 복합화물터미널 확충을 통한 국가기간물류거점 구축
iv) 유통단지 개발을 통한 내륙～해안연계형 유통체계 구축
v) 국제거점항만과 배후 국제거점공항을 연계하여 동북아의 환적수

요를 처리할 수 있는 sea-air 복합수송체계 구축

vi) 물류수송분담을 위한 연안해운 및 하천하류의 주운 가능성 검토

vii) 물류산업의 정보화, 첨단화의 추진

viii) 물류정보화 표준화 추진으로 물류시설의 효율성제고

ix) GDP 대비 16.5% 수준인 물류비를 2020년까지 10% 수준으로 절감

정부의 중장기 국토종합계획에 의하면 정부는 물류산업의 첨단화와 정보화를 지향할 뿐만 아니라 이를 추진하는데 필요한 각종 표준화 사업에도 역점을 두고 있다. 2006년 12월에 제정된 국가물류표준화 추진계획 아래 포장, 수송, 보관, 운반하역, 정보화, 기반역량 등 6개 분야에 표준화 로드맵이 제시되었다. 포장분야는 국제표준 파렛트와 호환 가능한 포장모듈을 개발하고, 수송분야는 화물자동차 및 화차의 적재함 표준화, 수송장비의 표준화, 보관시설의 표준 Layout 매뉴얼의 작성과 보급, 운반하역 기기의 인터페이스 강화 및 자동화, 국가물류통합정보센터 등이 포함된다(고칠진, 2007). 각종 정보화사업은 각 시도의 u-City 및 u-Province의 구현을 통하여 구체화되어가고 있으며, 이를 위해 향후 유비쿼터스 네트워크의 확충과 이에 필요한 미들웨어의 개발에 많은 예산을 투입할 것으로 예상된다. 대구・경북이 지향해야 할 u-물류관리 인프라는 중앙정부의 중장기 발전 사업들과 보조를 맞추어 진행함으로서 국내와 국제 표준에 맞는 인프라를 구축해야 하며 필요한 예산도 확보할 수 있을 것이다.

세부적으로 정부는「종합물류정보전산망 기본계획, 건설교통부, 1996」을 수립하여 물류인프라의 첨단화를 지속적으로 추진해 왔다. 국가종합물류정보망의 주요제공 서비스는 전자문서교환(EDI) 서비스, 데

이터베이스 서비스, 첨단화물운송정보(CVO) 서비스 등이 포함된다(대구광역시, 2004).

1) 지능형교통시스템(Intelligent Transportation System)

화물운송의 효율화를 위해 추진되고 있는 지능형교통시스템(ITS)은 화물자동차의 효율적인 관리를 통한 물류비 절감과 안정성을 제고하는 것을 목표로 종합물류정보망 사업내 CVO서비스의 일환으로 추진되고 있다. <표 4-1>은 화물운송 효율화 서비스분야의 내용 및 단위서비스를 요약해서 보여주고 있다.

표 4-1 화물운송 효율화 서비스분야의 내용 및 단위서비스

사용자 서비스	내용	단위서비스
물류정보 관리	화물 및 화물자동차 위치·종류·적재량 등 물류정보를 수집·관리하여 화물운송을 최적화하는 서비스	화물추적관리, 화물자동차운행관리, 화물자동차안전관리 지원 및 경로안내
위험물차량 관리	위험물 적재차량의 운행경로, 사고상황 등 실시간 운행정보를 수집·관리하여 위험물을 효율적으로 관리하고 사고발생시 체계적으로 대처하는 서비스	위험물사고처리, 위험물관리, 위험물차량 경로안내·관리
화물 전자행정	화물통관절차를 자동화하고 화물관련 행정처리를 최적화하는 서비스	화물전자통관, 화물전자행정

자료 : 건설교통부(현 국토해양부 물류항만실), 「지능형교통체계 기본계획 21 Intelligent Transport Systems」, 2001.3

2) 지능형 종합 물류시스템

산업자원부(현 지식경제부)는 디지털콘텐츠/SW 솔류션 기획단내에 지능형 종합물류 분과를 구성하여 추진계획을 수립하고 i) RFID기반 유비쿼터스 전자물류시스템개발, ii) 신속물류망 형성기술개발, iii) 모바일 기술을 이용한 공급사슬망관리 시스템 개발, iv) 지능형물류센터 운영시스템개발이라는 4대 과제를 선정하여 기술개발을 추진하고 있다. 2008년 6월 지식경제부는 군수 및 정부조달물품, 우편시스템 등 공공분야와 자동차, 식품 등 주요 산업분야에 RFID/USN을 적용하여 2012년에는 15억개의 RFID 수요를 창출하겠다는 산업발전 전략을 제시하였다.

3) 산업단지 공동물류정보시스템

산업자원부(현 지식경제부)는 기업의 물류 고비용 구조를 개선하기 위하여 국가산업단지에 소재한 중소기업들을 대상으로 「산업단지 공동물류 지원시스템 개발 · 구축 사업 추진계획, 2001」을 수립하고 시범사업을 추진 중이며, 산업단지 공동물류정보시스템은 이 사업의 한 축이다. 이 사업의 결실로 현재 한국산업단지공단 주관으로 웹기반 공동물류정보시스템(www.klogis.or.kr)이 구축되어 공동수배송 서비스, 창고보관 서비스, 수출입물류 서비스, 물류컨설팅지원 서비스 등을 제공하고 있다. 국가산업단지를 배후에 두고 있는 시화와 창원에 물류센터를 건립하여 시범사업을 추진하고 있다.

4) RFID/USN관련 정부 지원정책

정보통신부(현 지식경제부 성장동력실)가 주도하여 만든 IT839는 8

대 서비스(2.3GHz 휴대인터넷, 위성/지상파 DMB, 홈네트워크 서비스, 텔레메틱스 서비스, RFID활용 서비스, WCDMA 서비스, 지상파 DTV, 인터넷전화), 3대 인프라(BcN, IPv6, USN), 9대 신성장 엔진(차세대 이동통신, 디지털TV, 홈네트워크, IT SoC, 차세대 PC, 임베디드 SW, 디지털 콘텐츠, 텔레메틱스, 지능형 로봇)으로 구성되며, 이중 3대 인프라는 BcN(Broadband Convergence Network), IPv6(Internet Protocol Version 6), USN(Ubiquitous Sensor Network)을 포함한다.

정보통신부(현 지식경제부 성장동력실 정보통신활용과)는 2004년 2월에 필요한 모든 것(곳)에 전자태그를 부착하여 인식된 정보를 실시간으로 네트워크에 연결, 관리할 수 있는 'u-센서 네트워크(USN)' 기본계획을 통해 RFID의 산업화와 실용화를 추진해 오고 있다. 구체적으로 USN전략협의회 및 한국전산원 USN센터를 통해 국가적인 RFID전략을 수립하여, 의료 · 교통 분야 등 공공분야에 먼저 시범사업을 추진하고, IPv6, BcN, 텔레메틱스 등 신성장 동력과 연계된 기술개발을 추진하고 있다. 아울러 RFID 표준화를 위하여 RFID 표준화위원회를 구성 운영하고, RFID 국가표준개발 및 적용지침(13.56MHz, 135KHz, 433MHz, 900MHz, 2.45GHz 등 주요 대역별 국가표준안)을 개발하였으며, RFID 국제표준 기반조성을 위한 국제 표준화 회의에 참가하여 국제표준을 제안하고 결정된 사항들을 국내 기술에 반영하고 있다.

무선 상품리더기 및 안테나 등 유통산업 합리화 시설에 당해연도 투자금액의 100분의 3을 법인세 또는 소득세에서 공제해 주는 조세특례제한법 상 소득세, 법인세 등 세제감면을 시행하였다(2004. 3 개정). 공동유통정보시스템 구축사업(무선데이터 통신시스템, 무선상품인식 등 유통정보화를 위한 시설자금 및 운전자금)의 일환으로 500억원 규모의 유통물류합리화 자금을 지원하였다. 한편 한국유통물류진흥원(현 대한 상공회의소 유통물류진흥원)은 "RFID 산업활성화 지원센터"를 2004년 6월에 설치하여 RFID의 표준화 및 인증업무, 산학연 조인트 프로그램 개발, 비즈니스 모델 개발 등을 지원하고 있다.

산업자원부(현 지식경제부)는 기존 유통물류 분야에 국한된 지원정책을 전 산업분야로 확대하였는데, RFID기술 개발업체를 대상으로 자금지원, 신기술 개발업체에 대한 기술개발 출연사업지원 및 도입기업에 대한 유통물류 합리화 자금을 지원하고 있다.

정보보호를 위하여 프라이버시 영향 평가제도를 도입하고 RFID를 통한 개인정보 수집 · 활용에 대한 개인정보 보호제도를 마련하였다. 아울러 사이버 범죄 수사에 필요한 통신기록 확보 등의 관련 법령의 제정도 추진하였다. 2009년 지식경제부는 정부조달, 도시시설물, 우편물류 등 공공수요창출 분야에 집중하는 한편, 국민 식생활과 직접적인 관련이 있는 먹거리, 완성품 분야에 RFID/USN 기술의 확산을 추진하고 있다.

이러한 정책이 추진되기 위해서는 관련 법규의 제정이 따라야 함은 물론이다. 2009년 12월 10일부터 시행된 「물류정책기본법」은 물류에 관한 기본법으로서 물류정책방향과 물류정책의 통합조정체계를 마련하여 분야별 물류정책의 종합계획을 수립하고 물류체계의 효율화를 위한 제3자 물류시장 확대, 국제물류활동의 촉진 및 지원체계를 구축하는 것을 골자로 하고 있다. 특히 물류정보화 부분은 단위물류정보망, 종합물류정보망, 국가물류통합데이터베이스의 구축, 전자문서 및 물류정보의 보안과 공개에 관한 사항을 규정하고 있다. 2010년 8월 5일부터 시행될 「물류시설의 개발 및 운영에 관한 법률」은 물류터미널, 물류단지 등 물류시설과 도로 · 철도 · 항만 등 교통인프라를 효과적으로 연계한 개발을 가능하게 하고 물류시설 개발절차도 간소화된다. 법의 주요 내용으로는 물류시설 관련 법령의 일원화로 체계적이고 효율적인 물류시설의 확충이 가능해 지고 물류시설 관련 용어의 통일, 물류시설 개발종합계획의 사전종합조정기능 강화, 물류시설간 연계교통체계 구축 의무화, 창고업의 체계적 관리 및 지원, 물류터미널의 활성화 (가공, 조립 기능 추가), 물류단지개발절차 간소화, 물류단지 개발특별회계제도 도입 등을 포함하고 있다.

2 ─대구시 물류정보화 정책

지역의 물류정보화의 촉진을 위해서는 산업자원부(현 지식경제부 산업경제실 유통물류과)의 유통산업발전법에 근거한 유통산업발전기반 조성 및 유통기능 효율화 등을 목적으로 하는 사업과 정보통신부의 전기통신기본법 및 전기통신사업법에 근거한 u-물류관리 인프라 사업들을 유심히 지켜볼 필요가 있다.

대구시가 설정하고 있는 향후 발전 방향(기본 목표)은 다음 4가지로 요약될 수 있다.

i) 패션 · 섬유 등 지역특화된 전략산업의 육성
ii) 도시공간구조 개편 및 교통체계 정비에 의한 물류산업도시 육성
iii) 특성 있는 역사 · 문화자원 개발
iv) 쾌적하고 안전한 녹색환경의 창출

기본 목표에 의하면 대구시는 물류경쟁력의 향상을 주요 시정 목표로 설정하고 있다. 대구시가 2004년에 설정한 물류정책의 추진방향 또는 목표는 i) 동북아 물류중심 정책에 능동적으로 대처하여 물류체계

의 효율화 추구, ii) 도시물류의 효율성 증대로 지역산업의 경쟁력 제고, iii) 효율적인 물류망 구축을 통한 미래의 경쟁력 있는 도시 건설이다 (대구광역시, 2004). 이를 위해 대구시는 행정자치부가 중심이 되어 만든 시도별 u-지역정보화 사업 마스트 플랜에 참여하여 'u-대구지역정보화 마스트 플랜 완료 보고서'를 제안한 바 있다(대구광역시, 2006). 이 보고서에는 정보화 추진전략의 한 축으로 '유비쿼터스를 활용한 신활력 창조'를 언급하고 있으며, 추진방향으로는 '중앙정부의 유비쿼터스 관련 사업 적극 활용', '유비쿼터스 산업과의 연계로 기존 산업 활성'을 제시하였다. 구체적으로 보면 지역산업 고부가가치화를 위한 유비쿼터스 기반을 조성하기 위해 섬유, 안경, 기계, 자동차부품 등 지역산업의 클러스터화 및 고부가가치화 지원체계와 맞춤 확장형 기업 지원 통합정보시스템 구축을 제시하고 있다. 이어 대구시가 추진해야 할 타당성이 높은 특화서비스는 i) 대구오염 추적서비스, ii) 지하수오염관리서비스, iii) 지역산업체지원서비스, iv) 산업특화거리서비스, v) u-안전방재지원서비스였다. 이 중에 특히 네 번째 '지역산업체지원서비스'에는 맞춤확장형 기업 지원 통합정보시스템 구축과 섬유, 안경, 기계, 자동차부품 등 지역산업의 클러스터화 및 고부가가치화 지원체계구축이 포함되어 있다.

제5장 물류관리 첨단기술 목록

기업의 공급망(Supply Chain)이라는 물리적 공간에서 물류활동에 참여 중인 자원과 그 자원에 대한 사이버 공간의 정보를 동기화하여 자동화 · 지능화 · 효율화를 이루어 사용자 편의성을 증대시킬 수 있는 새로운 물류기술들이 속속 대두되고 있다. 이는 RFID 태그, USN (Ubiquitous Sensor Network), 리더기, 실시간 상황인식 및 자동식별기술 등을 이용하여 물류업무의 일대 혁신과 함께 새로운 비즈니스 모델을 근거로 한 신 개념 서비스를 창출하고, 편리한 사용자 인터페이스를 통하여 획기적인 편의성을 제공하는 것을 목표로 하며, 그 대상은 육상, 해상, 항공에서의 물류, 유통, 교통, 병참 등을 포함하는 새로운 물류관리 패러다임을 말한다(로지스틱스 21, 2006). 이 책이 초점을 두는 u-물류관리 인프라는 포괄적인 물류정보시스템의 연장선상에 있다.

1 물류정보시스템

물류관리는 기업의 유통정보시스템을 통하여 원활이 이루어진다. 기업의 유통정보시스템은 상류정보시스템과 물류정보시스템으로 구성되며, 유통정보시스템은 경영정보시스템(MIS)의 하부시스템으로 볼 수 있다. 물류정보시스템이란 물류관리의 주요 단계인 수주, 피킹, 분류, 포장, 하역, 보관 및 수송 등 각 기능들을 연결하며 기업 내 각 부문은 물론 기업과 관계를 맺고 있는 수배송업자, 창고업자, 납품업자, 판매업자 등을 연계하여 물류관리를 효율적으로 수행하도록 하는 정보시스템이라 할 수 있다. 따라서 물류정보시스템은 기업의 경영정보시스템의 구축방향과 일치하여야 하며, 경영정보시스템 내 다른 서브시스템들과도 잘 연계되도록 구축되어야 할 뿐만 아니라 향후 u-물류관리 인프라에 연동되어 유비쿼터스 기술을 활용할 수 있도록 장기적 안목으로 설계되고 구현되어야 한다.

2 ─물류정보의 종류

별첨자료의 <표 3>은 다양한 물류정보의 종류를 종합적으로 보여주고 있다.

3 ─물류정보시스템의 모듈

물류정보시스템은 다음과 같은 정보들을 처리하고 공유하며, 필요할 때 의사결정에 필요한 정보를 제공한다.

1) 물류경로
2) 수배송 수단, 업체, 차종, 출하량 크기
3) 물류센터 및 배송센터 위치, 규모, 수
4) 수배송경로(공장-배송센터 또는 공장-물류센터-배송센터)
5) 배송센터에 물품지원, 물품센터의 관할 설정 여부
6) 공장창고, 물류센터, 재고센터별 보관 품목 등의 배치결정
7) 공장창고, 물류센터, 재고센터, 재고보충방식, 품목별 주문시점,

주문량, 안전재고 수준 등과 같은 재고정책 결정

이러한 의사결정을 돕기 위해 물류정보시스템은 다음과 같은 모듈로 구성된다.

1) 수주 · 출하시스템

수주처리는 거래활동의 출발점이며 주문 정보는 물류활동의 기초가 되는 정보를 생성하고 처리한다. 주문 정보는 제조업의 경우 생산계획의 기초가 되기도 하고, 출하 정보로 연결되며 나중에 정산(지불)을 위한 회계정보시스템과도 연동된다. 오늘날 개방적 웹환경에서 외부 업체나 고객 기업이 인터넷을 통해 처음 접하게 되는 가상기업의 게이트라고 할 수 있어 매우 중요한 중요한 모듈이라 할 수 있다.

2) 재고관리시스템

재고의 정확한 파악은 생산계획과 구매(매입)계획을 수립하는데 필수적이어서 물류정보시스템의 핵심이라 할 수 있다. 재고관리시스템과 연동되는 자동발주시스템(Electronic Ordering System)은 소매점(대리점)에 설치된 POS를 통하여 집계되는 매장의 품목별 매출을 재고DB와 비교하여 재고량의 부족여부를 확인한 후, 자동으로 본사나 도매업체에 통신망을 통하여 주문을 발송할 수 있도록 해주는 정보시스템을 말한다. 월마트 등 대형 할인점들은 대부분의 생필품 조달을 위해 자동발주시스템을 활용함으로써 인력을 절감하고 구매 사이클 시간을 단축하고 있다.

3) 창고관리시스템

최소의 비용으로 창고의 공간, 작업자, 하역설비 등 경영자원을 효율적으로 활용하는 것이 목적이며, 재고관리시스템과 연계되어야 하는 부분이 많은 모듈이다. 위치정보, 입고 및 출고 시기 등은 재고관리시스템과 공유해야할 정보들이다.

4) 수 · 배송 시스템

물류네트워크 상에서 화물의 정확한 이동을 계획하고 관리함으로써 차량 운송의 효율성 향상과 자원 및 에너지 절약 등을 도모하기 위한 시스템이다. 출하계획의 작성, 출하서류의 전달, 화물 및 운송차량의 추적과 확보, 최적의 배송경로의 설정, 차량적재효율의 분석, 정확한 운임계산 등을 컴퓨터와 통신네트워크를 이용하여 처리한다.

5) 수출물류정보시스템

수주, 생산, 입고, 출하, 통관, 선적, 대금결제에 이르는 각 단계를 정보 시스템에 의해 일관성 있게 정보를 처리하고 전달해 주는 시스템이다. 하부 시스템으로는 물류 VAN, 화물자동차운송정보시스템, 화물운송정보시스템, 터미널화물정보시스템, 항만화물정보네트워크시스템, 항공화물통관정보시스템, 수출입화물자동통관시스템, 창고화물정보시스템, 트럭 공동정보시스템, 컨테이너정보시스템 등이 있다. 글로벌경제 아래 늘어가는 수출에 의존하는 국내기업의 경우, 이 시스템의 중요성은 날로 증가하고 있다.

4 ─물류정보망(Network)

물류에 영향을 미치는 주요 통신기술은 유무선통신과 무선인터넷을 들 수 있으며, 무선통신의 방법은 휴대전화, 위성통신시스템, 전용망,

IMT-2000[2] 등이 있다. 특히 RFID/USN 시스템은 저 전력소모, 전파 간섭 배제, 센서의 인식율 개선 등을 기반으로 물류, 유통, 제어분야에 서비스 영역을 확대해 가고 있다.

제조업체, 물류업체, 유통업체들이 물류 정보를 공유하기 위해서는 물류정보망이 없이는 불가능하다. 전경련이 2003년도에 발표한 "물류정보화 및 전자물류 이용실태 보고서"에 의하면 기업들이 가장 많이 이용하는 기간 물류망으로는 관세청의 통관망(42%), 산업자원부의 무역망(42%), 건설교통부의 종합물류정보망(10%), 해양수산부의 항만운영정보망(4%), 철도청의 철도운영정보망(2%) 등 기업들의 이용률은 10%를 밑돌았다. 항만 및 철도망의 이용이 저조한 이유는 우리나라의 물류가 육상운송에 비해 해상 및 철도운송에 의존하는 비율이 낮기 때문이다. 또한 기업들이 기간정보망 서비스를 잘 활용하지 않는 이유로는 자사 시스템과 호환이 잘 되지 않으며, 서비스 이용에 대한 교육이 미흡하며, 국가기간정보네트워크의 노후화로 최신 IT환경을 반영할 수 있는 서비스의 다양화가 부족하기 때문이었다.[3] u-물류관리 인프라를 통하여 수집되는 거래 및 물류정보는 궁극적으로 이러한 유선 물류정보망을 통하여 제조업체, 유통업체, 물류업체들이 공유하며 물류의사결정에 활용한다.

물류정보망은 다음과 같은 것들이 있다.[4]

---

2) IMT 2000(International Mobile Telecommunication 2000): 지구상공의 저궤도 위성을 활용하여 사용자의 이동 교통수단과 장소에 상관없이 유선, 무선 및 위성환경에서 개인 단말기로 음성, 동영상, 그래픽 및 고속무선통신 등의 다양한 서비스를 제공하는 3세대 이동통신이다.

3) 로지스틱스 21, 물류관리론, 2006, p. 307.

4) Ibid., p. 310.

4.1 공공망

1) 첨단화물운송정보서비스(CVO: Commercial Vehicle Operations)

2) KT-NET(한국무역정보통신)

KT-logis는 국가종합물류정보망 전담사업자로 선정된 KT의 업무를 위임받은 종합물류전문기관이다. KT가 운용하던 국내 최고의 물류 정보 서비스 사업경험과 KT의 인프라를 활용하여 차량, 화물 위치추적 서비스, 수출입물류정보 서비스, 모바일오피스, 사이버 택배/화주 서비스 및 Logistics e-Market Place 사업을 도모하고 있다.

3) KL-NET(한국물류정보통신)

해양수산부(현 국토해양부)가 주관하며 1994년에 설립되었다. 항만운영정보시스템인 Port-MIS, 컨테이너터미널운영정보시스템인 ATOMs, 일반부두운영정보시스템인 GTOMS, 항만물류통합정보시스템인 PLISM 등으로 구성되어 있다. 해양수산부의 항만물류효율화사업의 경우, 부산항만 내에 RFID를 도입해 부산항만 생산성을 30% 이상 향상시키는 성과를 달성하였다. 평소 10분가량 걸리던 컨테이너 차량의 항만게이트 통과시간도 RFID의 적용을 통해 무정차가 가능해졌다(07.2.28기준).

4.2 사설망

물류정보시스템의 핵심이라 할 수 있는 VAN(부가가치통신망)은 KT와 같은 통신업체의 망을 근간으로 기업간 자료를 교환할 수 있는 사설통신망이다. 표준화된 통신제어절차를 이용하기 때문에 단말기, 소프트웨어, 운영절차가 서로 다른 불특정 다수의 기업끼리 자료를 교환할 수 있다.

종류는 다음과 같이 다섯 종류를 들 수 있다.

(1) 업계형 VAN : 기업간 수평공동형 VAN 혹은 동종업계에서 제조업체간 VAN, 업계총합형 VAN 등이 있다. 소매 유통업체가 제조업, 도매업과 공동으로 구축하여 사용하는 VAN이다.
(2) 거래계열형 VAN : 단일기업형(수직형) VAN과 업계종합형 VAN이 있는데, 단일기업형 VAN은 핵심기업이 중심이 되어 계열사를 모두 연결한다. 포스코와 포스코의 대리점을 연계하는 VAN은 단일기업수직형 VAN으로 볼 수 있다.
(3) 지역유통 VAN : 다수의 중소 소매업체와 도매업이 모여 공동으로 이용하는 자동발주시스템 네트워크를 말한다.
(4) 기간 VAN : 국가차원에서 운영되는 VAN으로써 금융, 상업, 공업 등의 부분을 광범위하게 연결한다.
(5) 국제 VAN : 국제적인 규모의 VAN이다.

4.3 전자문서교환(EDI)

선적요청서(S/R), 주문서, 상업송장 등 기업간에 교환하는 서식이나 수출입허가서(E/L 및 I/L), 수출입신고서(E/D 및 I/D), 수출입면장(EP/IP) 등 기업과 행정관청 사이에서 교환하는 행정서식을 일정한 형태를 가진 전자메시지로 변환하여 교환할 수 있다.

4.4 BcN(Broadband convergence Network: 광대역통신망)

음성, 자료, 영상, 방송, 음악 등이 통합된 멀티미디어 서비스를 실현하기 위하여 컴퓨터, 통신, 방송 등의 모든 정보통신기기들이 동시에 연동될 수 있는 차세대의 통합네트워크를 말한다.

4.5 IPv6(Internet Protocol version 6: 차세대 인터넷 주소체계)

현재 우리가 사용하는 인터넷주소체계인 IPv4는 43억개의 주소 밖에 만들 수 없어 홈네트워크, 무선인터넷, 텔레메틱스 등 차세대 인터넷 산업발전에 중대한 걸림돌이 되고 있다. 이에 IPv6는 거의 무한대의 인터넷 주소를 생성할 수 있어 유비쿼터스 환경에서는 필수적인 기술의 하나이다. RFID/USN이 확산되면 물건들에 부탁된 태그가 보내는 무선신호를 처리하는 무한대의 서버가 필요해지므로 이러한 수 많은 서버에 주소를 무한대로 공급할 수 있는 새로운 주소체계가 필요해 질 수 밖에 없다.

5 운송 및 교통관리 기술

5.1 지능형 교통시스템

2007년 8월 건설교통부(현 국토안전부)는 교통관련 첨단 지능형 기술을 집대성한 스마트 하이웨이를 제안하였다. RFID/USN 기술, 미래 자동차 기술, 텔레메틱스 기술 등이 융합된 고성능 지능형 고속도로는 운전자의 위험을 최소화 하면서 최고 속도 160km 이상으로 달릴 수 있다. 스마트 하이웨이에 포함되는 기술들은 다음과 같다(표철식 외, 2008).

- 노면에 센서를 매설해 차선 이탈 방지와 앞 차와의 충돌을 예방하는 기술
- 도로 시스템과 차량 내 첨단 시스템과의 연계를 통해 운전자의 운전 상태 및 피로도를 자동으로 감지하여 위험 운전을 사전에 차단하는 기술
- 도로 주행 환경 최적화를 위한 실시간 교통제어 기술
- 주행 속도를 유지하면서 자동으로 통행료를 지불할 수 있는 기술

이러한 기술들이 가능하기 위해서는 아래 소개되는 위치추적 기술도 필연적으로 동반되어야 함은 물론이다.

5.2 GPS(Global Positioning System)

GPS용 위성을 이용하여 이동하는 특정물체의 3차원 위치정보와 시각정보를 동시에 제공하는 위치측정시스템을 말한다. 화물차량 위치식별기능을 이용하여 운송의 효율성을 극대화할 수 있는 시스템이다. 성범죄자에게 강제적으로 착용시키는 위치추적시스템, 차량에 장착하는 내비게이션도 이런 기술의 응용이라 할 수 있다.

5.3 교통지리정보시스템(GIS-T: Geographical Information System for Transportation)

디지털지도 내 위치정보를 유무선통신을 이용하여 제공하는 시스템

이다. 이동물체의 위치와 상태정보를 일정시간 간격으로 업데이트하여 이를 필요로 하는 이용자에게 제공한다. 오늘날 교통지리정보시스템은 자동차에 많이 장착되어 있는 네비게이션에 도로별 트레픽(traffic) 정보를 제공해 줌으로서 체증이 심한 도로를 피해 이동할 수 있도록 돕기도 한다.

5.4 이동체 위치파악 시스템(AVLS: Automatic Vehicle Location System)

신호를 차량, 선박, 항공기에 장착된 GPS 수신기와 그 밖의 위치 센서들이 보내는 신호를 인공위성이 받아 이를 중앙통제소에 보내 이동체의 위치 및 이동상태를 파악하여 차량의 최적 배치, 현황 분석 및 파악, 안내, 통제 등의 일련의 작업들을 자동으로 수행하는 시스템을 말한다.

5.5 TRS(Trunked Radio System: 주파수 공용통신)

중계국에 할당된 다수의 주파수 채널을 여러 사용자들이 공유하는 무선통신 서비스로서 유선통신 고정망의 활용회선을 무선통신에 적용하여 가입자 음성통화량이 있을 때는 임의로 무선 채널을 지정 전송하고 음성통화가 없을 때는 회수하는 방식으로 무선채널의 공동이용을 통하여 주파수채널 이용률을 증가시키는 방식이다. 무전기 시스템에서 가능한 일제통화, 그룹통화, 개별통화 및 선별통화 등의 서비스는 물론, 음성과 데이터를 모두 전송할 수 있다. 이것은 주로 원거리 지역의 통신 및 이동중 차량간 상호 통신수단으로 이용된다. 특히 물류의 수·배송 분야에서 GPS와 연계하여 차량의 위치추적, 상태파악 및 정보전달이 가능하기 때문에 화물운송계획에 즉시 반영할 수 있다.

6 물류정보의 표준화

u-물류관리 인프라의 구축과 실행을 위해 반드시 선행되어야 하는 것이 운반대상이 되는 상품에게 부여되는 정보의 표현방식을 표준화하는 일이다.

6.1 KS 물류표준규격과 유닛로드시스템통칙

KS 물류표준규격은 약 280여종으로 양적으로는 선진국 수준이지만 이의 보급은 부진한 실정이다. 현재 1995년 T-11형(1,100x1,100mm)의 파렛트 규격치수를 기본으로 한 유닛로드시스템통칙(KS A 1638)이 제정되어 있다. KS포장규격(KS A 1002)은 일관 수송용 표준파렛트인 T-11형을 기준으로 69종으로 규격화되어 있다.

6.2 물류설비 표준인증제도

현재 전국적으로 물류표준화률은 30%수준에 그치고 있다. 이로 인해서 최근 산업자원부(현 지식경제부)는 유통산업발전법 제27조(물류설비의 일종)의 개정('04. 1. 20)을 통하여 유닛로드시스템통칙상의 표준 물류시설 및 장비에 대한 인증마크를 부여하는 물류설비 표준인증제도를 도입하였다. 물류설비 표준인증제도로 인하여 물류설비간 호환성과 운송 하역 등 물류기능간 연계성 강화로 물류인력의 절감, 처리시간의 단축, 장비활용의 극대화 등 물류생산성을 획기적으로 향상시킬 수 있다.

6.3 표준물류바코드 EAN-14

표준물류바코드인 EAN-14는 유럽에서 통용되는 상품 코드(European Article Number)로 국내뿐만 아니라 전세계적인 공통 코드체계이다. EAN-14는 우리나라가 1988년 국제상품코드 관리기관(EAN International)에 정식 회원국으로 가입하면서 사용되기 시작하였으며, 코드 체계는 유통목적을 단위 상품을 식별하기 위해 사용하는 EAN-13의 코드체계에 물류식별코드의 한 자리를 추가한 것이다.

6.4 한국상품번호 KAN

한국상품번호(KAN: Korean Article Number)는 제조업체가 제공하는 상품명, 크기, 용량, 규격, 권장 소비자 가격 등의 정보를 DB화 하는데 활용된다. KAN은 KAN-13(표준형 A, 표준형 B)과 KAN-8(단축형)로 나뉜다.

6.5 EPC(전자상품코드)

EPC(Electronic Product Code)는 RFID 태그에 내장되는 코드로서 메모리 비트 크기에 따라 EPC-64, EPC-96, EPC-256 등 버전이 있으며, EPC-96은 코드의 종류를 구분하는 버전헤더 8비트, EAN.UCC 제조업체 번호 28비트, GTIN(Global Trade Item Number)을 포함하는 제품 번호 24비트, 일련 번호 36비트 등 총 96비트로 구성되어 있다. 기존 바코드는 제품군에 따라 동일한 바코드 번호를 갖지만, EPC는 제품 하나

하나 마다 고유한 번호가 부여되어 가격이나 제조업체, 제품의 위치 정보까지 알 수 있다. 현재 UPC(Universal Product Code) 코드의 차세대 버전이라 할 수 있는 것으로, 국제 표준화 기구인 EAN.UCC System 산하의 EPCglobal이 포멧 표준을 관리하고 있다.

2007년 5월에 '유통업계의 UN'이라 불리는 'GS1'(Global Standard 1) 총회가 서울에서 열렸다. 'GS1'은 전 세계 106개국 100만개 기업이 가입한 민간기구로, 바코드, RFID, 전자문서의 국제표준을 개발 · 보급하는 일을 하고 있다. 이번 총회에서는 기업 간에 RFID를 이용해 제품정보를 교환할 수 있는 기술 표준인 '전자상품코드 정보서비스(EPCIS)가 공식 확정, 발표되었다.

제6장 RFID/USN

21세기 물류혁명에 필요한 핵심 기술은 RFID기술과 이를 지원할 무선네트워킹 기술인 USN(Ubiquitous Sensor Network)이라 할 수 있다. RFID기술은 개체(상품이나 물건 등)의 정보를 센싱함에 있어 공간적, 물리적 한계와 순차적 정보처리의 한계를 지닌 바코드 방식을 대체할 수 있는 강력한 기술로 널리 인식되고 있다. RFID 태그가 부착된 개체는 사람의 개입 없이도 리더기가 자동으로 수백 개의 태그를 동시에 인식하여 정보를 수집하고 이를 USN을 통하여 전달함으로써 개체의 상태변화(이동경로, 입고, 출고 등)를 효율적으로 관리할 수 있다. 따라서 RFID/USN은 물류의 물리적 장애를 극복할 수 있는 새로운 차원의 유비쿼터스 IT로 주목을 받고 있다.

1 RFID(Radio Frequency IDentification: 전자태그)기술

RFID 기술은 기존 바코드에 비해 훨씬 많은 정보를 읽고/쓰기를 할 수 있으며, 정보를 자유롭게 변경하고 추가할 수 있으며 다수의 태그를 동시에 읽을 수 있다. 수 미터에서 수십 미터까지 무선으로 데이터 전송이 가능하며, 정보를 읽는 속도도 매우 빠르다. 예를 들면. 고속도로에서 질주하는 차량의 태그도 읽을 수 있으며, 진흙, 페인트, 기름, 습기와 같은 열악한 환경에서도 그 활용도가 높다.

따라서 RFID 기술은 제조, 유통, 물류 등의 산업분야의 업무 효율성 제고에 매우 긴요한 기술이다. 유비쿼터스 환경의 물류관리 인프라를 구축하는데 필요한 핵심적인 구성요소는 바로 RFID/USN과 전자상품코드(EPC)라 할 수 있다. RFID 태그 속 초소형 반도체 메모리 칩에 정보를 입력하고, 주파수 대역별 RF(무선주파수) 신호를 이용하여 이 칩을 부착하고 있는 물체, 동물, 사람 등을 판독, 추적, 관리할 수 있는 '비접촉 또는 무선 주파수 인식'기술이다. RFID를 통하여 먼 거리에 있는 기기들끼리 정보를 교환할 수 있으며 인터넷과 같은 다른 네트워크와 연결되면서 유비쿼터스 컴퓨팅을 실현하는데 핵심적인 기술이다.

RFID는 단순한 상거래뿐만 아니라 기업경영, 공급망관리(SCM), 고객관계관리(CRM), 유통관리, 자산관리, 현장인력관리, 지식관리, 안전관리 등 광범위한 비즈니스 활동에 적용되므로 향후 IT시장을 주도해 나갈 신기술이라 할 수 있다. 따라서 정부(지식경제부)도 이 분야를 신성장동력의 한 분야로 인정하고 특별한 노력을 경주하고 있다. 현재는 주로 물류/유통, 재고관리, 도난 방지 등의 분야에서 활용되고 있으나 그 사용범위는 계속 확대되어 종국에는 구매, 생산, 판매 등 기업의 가치사슬과 SCM 전반으로 확대될 것이다.

RFID 시스템의 운영 계층은 디바이스 계층, 미들웨어 계층, 애플리케이션 계층 등 3 계층으로 구성된다. <표 6-1>은 이 3 계층을 요약해서 설명하고 있다.

표 6-1 RFID 계층 구성

구 분	주 요 특 징
디바이스 계층	태그 데이터 수집기능을 가지며, 하드웨어 상에서 보면 일반적으로 코드라 불리는 고유정보를 저장하는 태그와 무선을 통하여 태그의 정보를 판독 및 해독기능을 하는 리더기로 구성된다.
미들웨어 계층	디바이스 계층으로부터 수집된 상품코드 데이터를 애플리케이션 계층에서 효과적으로 사용할 수 있도록 처리하며, 대규모 데이터 환경에서 실시간 지원 등의 서비스를 제공하고 애플리케이션의 리더기를 제어하는 등 디바이스 계층의 프로그래밍 API(Application Programming Interface) 등을 제공함
애플리케이션 계층	물류(Logistics), 공급망관리(SCM)와 같은 각종 응용소프트웨어로 구성됨

1) RFID시스템 구성요소

RFID시스템은 기본적으로 <그림 6-1>과 같이 태그(tag), 리더기(reader), 안테나(antenna)로 구성된다. 리더기가 안테나를 통하여 RF신호를 보내면 태그가 감지한 정보를 변조한 신호를 안테나가 이를 수신한다. 수신된 정보는 다시 복호화되어 데이터를 처리하는 호스트 컴퓨터로 전송된다. 대부분 리더기와 안테나는 하나의 제품으로 묶여진다. 능동형 태그(active tag)의 경우, 반대로 RF신호를 리더기로 송출할 수 있다.

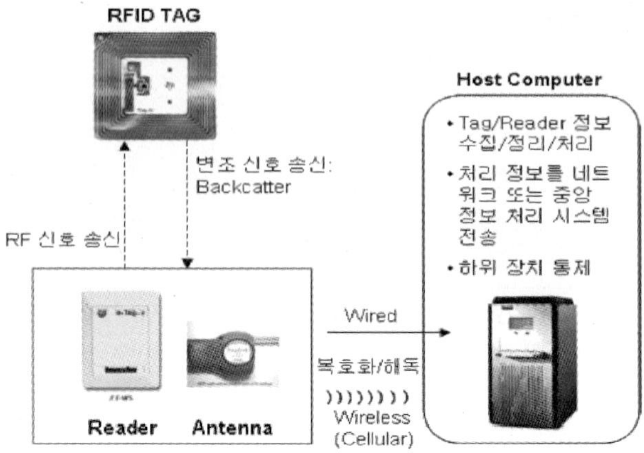

그림 6-1 RFID 기본 작동 원리

RFID산업은 <표 6-2>와 같이 세분화될 수 있다.

표 6-2 RFID산업의 분류

구 분	상 세 분 류
RFID 하드웨어	칩, 태그, 리더기, 안테나 등
RFID 소프트웨어	미들웨어 및 패키지 소프트웨어 분야
RFID 애플리케이션	하드웨어, 소프트웨어 및 통신 서비스간의 시스템 통합(SI) 분야
RFID 서비스	네트워크 솔루션 및 통신서비스 분야

2) RFID 하드웨어

(1) **태그**(Transponder)

일반적으로 많이 사용되는 수동형 태그는 RFID 리더기/라이터가 RF 캐리어 신호를 태그에 전송하고, 태그는 들어온 RF신호를 진폭 또는 위상 변조하여 태그에 저장된 데이터를 캐리어주파수 신호로 리더기에 되돌려 주고(backscatter), 되돌려 받은 변조신호는 리더기에서 복호화되어 정보가 해독된다. 리더기는 해독한 정보를 연결된 PC에 전송하며 운용 소프트웨어는 이를 활용한다.

태그의 종류는 <표 6-3>과 같이 Read/Write 능력에 따라 일반적으로 Read-Only, WORM(Write Once Read Many), Read/Write 태그의 3가지 방식이 있다.

표 6-3 태그의 종류

구 분	주 요 특 징
Read-Only	제조 시 프로그래밍되어 정보내용의 변경이 불가능하나, 가격이 저렴하여 단순 인식을 요하는 RFID 분야에 주로 사용
WORM (Write Once Read Many)	사용자가 데이터를 프로그래밍 할 수 있으며, 프로그래밍 한 후에는 변경이 불가
Read/Write	프로그램 및 데이터의 반복적인 변경이 가능한 구조

태그에 신호발진기 또는 전원이 있는가에 따라 능동형 방식 또는 수동형 방식으로 분류되는데, 일반적으로 전원을 사용하지 않는 수동형 방식은 감지거리가 1m 전후의 근거리 통신만 가능하지만 최근 UHF 대역의 도입으로 출력에 5~8m도 가능하고 가격이 저렴하여 수명이 반영구적(약 10년 이상)이다.

한편 전원 배터리가 부착된 능동형(active형) 태그는 수 미터의 원거리 통신이 가능하지만 태그 가격이 고가이고 배터리 수명에 따라 사용기간이 제한받는 단점이 있다. 이론적으로 태그의 안테나를 크게 하고 리더기의 송신출력을 크게 하면 태그와 리더기간의 통신거리가 멀어질 수 있으나, 이는 주파수 혼신, 환경 및 인체에 좋지 않은 영향을 줄 수 있다.

칩리스 태그(chipless tag)는 수동형 태그 중 하나로 반도체 메모리 기능이 없는 저가형 태그이다. 처음에는 제품의 라벨, 문서, 포장 등에 사용하기 위해 개발한 것으로 반사기능이 뛰어난 물질 표면에 고유한 패턴을 새겨 넣은 방식이 이용된다. 이 고유한 패턴의 무늬가 바로 데이터를 의미하며 이 데이터는 리더기가 보낸 전파를 반사해 전송된다. 칩리스 태그는 전파를 전송하기 위해 다른 태그와 달리 적은 량의 에너지만 필요로 하며, 가격도 10센트 이하라는 장점이 있다. 의약, 제약, 제품포장, 회사의 지적재산 보호, 기밀문서, 지폐 등에 적용될 수 있으나 데이터를 저장할 수 없다는 단점이 있다.

한 걸음 더 나아가 센서가 태그에 통합되면 다양한 환경 조건을 감시, 측정, 기록할 수 있는 센서 태그(Sensor Tag)가 된다. 이러한 센서 태그의 활용은 군사첩보, 환경감시 등 무궁무진할 것이다.

대량의 단품에 태그를 부착하여 물류관리를 한다면, 많은 태그가 필요하기 때문에 태그의 단가가 RFID의 도입에 큰 영향을 미친다. 현재 칩의 가격은 태그 가격의 대략 40%를 차지하고 있다. RFID가 경제성을 가지려면 태그가격이 5센트(5원) 이하로 떨어져야 하며 내장되는 칩의 가격이 1센트까지 떨어질 가능성을 전제로 하면 충분히 가능한 가격이라고 할 수 있다. 태그는 반도체 메모리 칩을 생산하는 것처럼 도입업체의 다양한 니즈(태그에 저장할 정보의 양, 정보처리환경 등)에 맞도록 주문제작을 할 수 있다. 그러나 대부분의 도입업체가 태그의 단가에 민감하기 때문에 생산업체는 가급적 대량생산을 지향할 수밖에 없다. 따라서 작은 규모의 업체가 특수한 목적으로 필요한 소량의 주문형 태그를 생산하는 데는 한계가 있을 수밖에 없으며 이는 RFID기술의 확산에 걸림돌이 되기도 한다.

국내에서는 삼성전자와 하이닉스반도체가 태그 시장을 겨냥하고 있으나 제품 설계에서 제작까지 전 과정의 기술을 보유한 기업은 극소수이다. 2008년 현재 LS산전, 세연테크놀로지, 한맥이엔지 등이 활동하고 있다. 별첨자료의 <표 4>는 국내 주요 생산업체 리스트를 보여주고 있다. 외국에서는 미국 메트릭스(Matrics), 에일리언(Alien)테크놀로지스, 인터맥(Intermec), 인피니온(Infineon), TI(Texas Instrument) 등이 RFID 칩을 개발하고 있다. 특히 인터맥사는 최초로 UHF 대역의 RFID 태그용 싱글 칩을 발표하였으며, 메트릭스사는 2004년에 96비트 메모리에 읽기전용(read only) 싱글 칩과 다양한 태그를 발표하였으며, 2005년에는 읽기/쓰기 기능의 태그도 발표하였다.

(2) 리더기

리더기는 태그의 정보를 읽기 위한 안테나와 제어장치로 구성되며 제어장치는 데이터의 인코딩 및 디코딩, 데이터 체크 및 저장, 태그, 미들웨어 그리고 기업의 기존 시스템(Host Computer)들과의 통신을 담당한다. 특히 인·디코딩 시스템은 전송될 데이터와 신호의 표현방법이 전송 채널의 특성에 최적화되도록 매칭시켜 다른 데이터와 충돌이 발생하지 않고 의도적인 변조를 방어하는 기능을 수행한다. 그리고 리더기는 성능에 따라 읽기/쓰기 겸용과 읽기 전용 장치가 있으며, 용도에 따라 다양한 형태(고정형, 이동형, PC카드형 등)로 제작이 가능하다.

2004년 기준, 리더기 가격은 대당 1,000～4,000달러 수준으로 시장확대를 위해서는 리더기 가격이 더 떨어질 필요가 있다. 향후 리더기 한

대로 다양한 주파수 대역을 수용할 수 있는 멀티밴드(multi-band)용, 다양한 프로토콜을 지원하는 멀티프로토콜(multi-protocol)용 리더기가 시장의 대중화를 선도할 것이다.

(3) 주파수

리더기와 태그 사이의 통신을 위해 사용되는 주파수대별 통신규격은 125kHz, 13.56MHz, 433MHz(active), 860-960MHz, 2.45GHz(Model 1-passive, Model 2-active) 등으로 국제적인 표준화 노력이 경주되고 있다. 별첨자료의 <표 5>는 RFID의 주파수 대역별 특성을 비교해서 보여주고 있다. 전원이 요구되지 않는 근접용 RFID는 현재까지 125kHz, 13.56MHz 시스템이 주로 사용되고 있으며, 물류관리, 출입자관리 목적으로 125kHz 이하 대역의 RFID 시스템이 사용된다. 교통카드 시스템에는 13.56MHz 대역이 사용되고, 마이크로파 대역의 2.4GHz는 아직 응용분야가 별로 없는 상태이다. 5.8GHz대역의 RFID 시스템은 ISO/IEC에서 철회된 상태이고 860～960MHz 대역은 표준화가 이루어진 후 본격적으로 응용될 것으로 보인다.

u-물류인프라를 위해서는 극초단파의 주파수를 이용하는 RFID가 주로 유용할 것으로 보인다. 860～960MHz대역은 수동형 RFID방식으로 3m 이상의 인식거리를 가질 수 있어 물류, 유통 등에 핵심적으로 사용될 전망이며, 433MHz의 주파수를 사용하는 RFID는 능동형으로 100m정도까지의 인식거리를 가질 수 있어 컨테이너 물류관리 등에 사용될 수 있다. 특히 9 · 11테러 이후 미국은 C-TAPT(the Customs-Trade Partnership Against Terrorism)에 준해 항만에 들어오는 모든 컨테이너의 안전 검사를 자동화할 예정인데 이 때 433MHz 대역의 RFID Seal이 핵심기술이 될 예정이다. 만일 이 제도가 도입된다면 우리나라의 대미

물류에 큰 영향을 미칠 것이다.

(4) 기술 동향

RFID 도입에 필요한 주파수를 국가별로 국제기구를 통하여 제한함에 따라 허가된 지역 혹은 영역 외에서는 사용할 수 없다. 국제 표준 프로토콜이 제정되고 이를 지원하는 공급업체가 늘어나면서 RFID 태그 및 리더기 등 하드웨어 간 호환성이 높아지고 있는 추세이다.

능동형 태그는 특히 공장이나 야적장과 같이 넓은 공간에서 화물의 위치를 추적하는 일과 사무실에 있는 비치되어 있는 각종 사무용 집기들을 관리하는 일에 용이하게 활용될 수 있기 때문에 미국을 중심으로 많은 연구가 진행되고 있다. 미국은 능동형 태그를 기반으로 실시간 위치 추적 시스템(Real-time Locating System, RTLS)에 적용될 RTLS 표준을 승인하였고 이어 ISO에 세계표준안으로 제안하여 조망간에 RTLS 표준이 확정될 것이다. 현재 능동형 태그는 미국의 SAVI사가 컨테이너 관리를 목적으로 개발하여 표준화를 주도하고 있으며, 100m이상의 인식거리로 컨테이너와 같은 대형물류 관리에 보급될 것이다. 텍사스인스트루먼트 코리아(TI Korea)는 2008년 7월에 금속이나 거친 산업환경(폐기물 관리)에서도 적용 가능한 RFID 사물 구현(asset visibility)기능을 지닌 저주파 RFID 태그 2종을 출시한 것이 주목을 받고 있다.

태그의 핵심부품은 내장되는 메모리 칩이라 할 수 있다. ST 마이크로 한국지사는 EPC Global 표준 1.0버전을 지원하는 UHF 대역의 RFID 메모리 칩을 출시하였고, 피츠버그 대학은 안테나를 칩에 내장하고 센서와 통합이 가능한 초소형(2.2mm×2.2mm)태그를 개발하였다. RFID 태그 및 리더기 칩은 국내 반도체 업체인 삼성전자와 하이닉스가 일부 칩을 공급하고 있지만 대부분 필립스, 마이페어(마이크론), 인피니온(지멘스) 등 외국 업체에 전량 의존하고 있는 실정이다. 하이닉스는 2009년 하반기에 1센트짜리 범용 RFID 태그 칩을 출시할 계획인데, 이는 완제품 태그가격을 5센트 이하로 떨어뜨릴 수 있어 RFID 보급의 기폭제가 될 수 있을 것이다. 하이닉스가 개발 중인 칩은 유통물류 현장에서 주로 사용될 900MHz 대역이다. 한편 ETRI(한국전자통신연구원)는 금속부착용 특수 태그, 밀집모드지원 RFID 리더기, 컨테이너용으로 사용되는 433MHz 능동형 리더기와 태그를 국산화하여 기존 2~3년이던 선진국과의 기술격차를 1년 이하로 단축하였다. 2006년에는 세계 최초로 휴대폰 안에 내장되는 900MHz 리더기의 칩 개발에 성공하고 통신사업자를 통해 시범 서비스를 실시하였다(표철식 외, 2008).

특히 태그를 소형화하고 단가를 더 낮추기 위해서 RFID 제조업체들은 제조 및 공정기술을 혁신하고 있다. RFID 태그 생산업체들은 제조 및 조립(패키징) 공정 효율성 향상 및 생산량 증대를 통해 장비 가격을 낮춰 시장 규모를 확대하는데 관심을 두고 있으며, 공정혁신을 통해 원가의 20%를 차지하는 제조/조립 비용을 최소화하고 있다. 태그에 포함되는 안테나를 표면위에 직접 프린팅을 하거나 칩 안에 직접 구현하거나(Antenna-on-a-Chip기술), Chipless 태그 등 다양한 방법을 통하여 태그의 소형화를 계속 연구하고 있다.

국내 RFID 관련 기술 분야의 기술수준은 우선 태그 시제품을 개발하거나 생산을 하는 국내 업체는 아직 없으며, 해외에서 수입하여 재가공하거나 주요부품을 수입하여 단순 조립하는 수준에 머무르고 있다. 대부분 기업들이 태그 제작 시 요구되는 일부 공정만을 수행할 수 있는 능력을 보유하고 있을 뿐 제품설계에서 최종제작까지 전 과정에 걸친 기술력을 보유하고 있는 기업은 많지 않다. 그러나 태그 칩 분야에서 13.56MHz[5]와 900MHz[6]의 주파수 대역의 기술 분야는 칩 설계 및 제조까지 기술을 보유한 기업이 일부 있다(박준호, 김은수 2006). 2002년 기준 13.56MHz 태그는 교통카드로 천만장 이상에 국내에 보급되어 있다. 900MHz 주파수 대역의 태그 칩 패키지 기술은 기본의 메모리, 센서 및 IC 관련 패키지 기술과 비교하여 다소 높은 수준의 RF 패키지 기술이 요구된다.

태그 안테나 기술은 다른 태그 관련 기술보다는 상대적으로 국내 업체의 기술수준이 높으며, 수동형 태그 관련 정류 안테나 기술, 즉 Rectenna 기술은 선진국과의 기술격차가 매우 근소하다. 삼성태크윈은 900MHz대 RFID 태그 양산을 위한 설비를 도입하였고, ETRI와 크레디패스, LG산전 등도 연구개발에 빠른 진전을 보이고 있어 외국과 비해 충분한 잠재역량을 갖추고 있다.

리더기는 태그신호 충돌방지 알고리즘 채용으로 현재 초당 100개 인식이 가능하며, 수백개 이상을 목표로 기술개발 중이며, 여러 주파수 대역에서 여러 기술로 인식이 가능한 Multi-band, 다양한 프로토콜을 지원하는 Multi protocol 리더기가 대중화될 것이다. 현재 RFID 리더기는 안테나의 성능, 주변의 환경, 태그가 부착되는 제품의 특성에 따라 인식거리, 검출 정확도가 영향을 받기 때문에 적용 범위가 제한되는데 국내 시범사업에서도 RFID 태그 신호 인식률이 낮은 점이 문제점으로 드러난바 있다.[7] 현재 인식 성능을 높이기 위해 2～4개의 안테나를 사용하고 있으나, 향후 주변 환경에 적응하여 빔을 제어할 수 있는 빔 성

5) 고주파 대역으로 수화물관리, 교통카드, 출입통제/보안, 대여물품관리에 적합한 태그임
6) 극초단파 대역으로 유통관리, 공급망관리, 자동통행료 징수에 적합한 태그임
7) 유통물류산업 RFID 시범사업 최종보고서, 산업자원부, 한국유통물류진흥원, 2004.

형 안테나 기술이 개발될 것이다.

리더기 관련 기술은 국내의 단말 기술 수준이 세계적 수준이어서 리더기 RF 기술 분야, 리더기 디지털 기술 분야, 리더기 안테나 분야 등 리더기 기술과 관련된 모든 분야에서 기술수준이 상당히 성숙한 단계에 있다. 리더기 개발은 UHF대(극초단파) 기기를 중심으로 매트릭스 · 하이트렉스, 사비테크놀로지 · LG CNS, 에일리언 · 이림테크, 텍사스인트루먼스(TI) 등 외국기업과 국내 협력사들이 이미 상용화를 위한 시험을 마치고 국내 시장공략이 시작되었다. 순수 국내기업으로는 크레디패스와 키스텀이 UHF대 리더기의 개발을 완료하였다. 크레디패스가 개발한 전자요금징수시스템(ETCS)은 차량이 요금소에서 15미터 떨어진 곳에서 시속 165km 속도로 달려도 통행료를 징수할 수 있을 정도로 높은 기술수준에 도달하고 있다. 키스컴도 외국기업에 OEM방식으로 제품을 공급키로 하였고 최근에는 900MHz대역 이동형 리더기를 개발하였다. 리더기의 핵심인 드랜시버(Transceiver) 칩은 TI, NXP와 같은 대형 글로벌 반도체 회사가 선점하고 있으며, 얼마 전까지만 하더라도 디스크리트(discrete) 방식으로 설계한 UHF 대역 조차도 Impinji사의 원칩(One-Chip)에 종속되는 형태로 리더기 시장이 바뀌는 추세다.

그러나 리더기의 API(Application Programming Interface) 소프트웨어는 리더기를 만드는 회사가 제공하는 것으로 하드웨어에 많이 의존하고 있고, 국내의 리더기 기술은 상당한 기술력을 가지고 있지만 하드웨어에 치중한 나머지 리더기의 API에 관한 기술력은 낮은 편이다. 기술의 표준화 수준이 낮아 태그, 리더기 제조업체간 호환이 제대로 되지 않고 있으며 이는 제도적인 문제와도 관계가 있다.

외국과 비교해 보면, 태그 칩 제조기술은 3~4년 차이가 있으며, 태그 패키지 관련 기술은 약 1~2년의 기술 격차가 있으며, 리더기관련 기술은 대략 1년 내외 이거나 거의 차이가 없다.

3) RFID 소프트웨어

RFID 기술의 적용범위가 확대됨에 따라 우리나라에서도 RFID기반 통합 인프라 추축에 대한 요구가 증가하고 있으며, 제품의 생산에서 유통과 운송에 이르는 상품의 전 라이프사이클(life-cycle) 상에서 발생하는 물류정보의 통합관리 솔루션의 개발이 필요해 지고 있다.

RFID 소프트웨어 기술은 객체 또는 상품에 대한 글로벌 표준 식별 코드 기술, RFID 미들웨어 기술, 글로벌 객체 정보 레졸루션(resolution) 구조와 제품정보 제공을 위한 제품정보서비스로 구성되는 객체 정보 검색서비스 기술로 구분된다. <그림 6-2>는 RFID 소프트웨어 플랫폼 개념도를 보여준다.

RFID 자동식별 미들웨어는 애플리케이션과 리더기 사이에 위치하며 애플리케이션이 리더기의 데이터 수집 및 가공에 요구되는 제반 기능을 제공하여 RFID 애플리케이션의 구축을 용이하게 하며 성능을 향상시키는 역할을 한다. RFID 미들웨어는 데이터 수집 및 라우팅 기능에 초점을 둔 원시 미들웨어(generic middleware)와 이력정보 및 실시간 정보를 가공하여 상황정보 도출에 초점을 둔 상황인지 미들웨어(context-aware middleware)와 같은 간단한 기능에서부터 기업의 ERP 시스템과 연결할 수 있는 복합적인 기능을 제공하는 것에 이르기까지 다양하다.

RFID 원시 미들웨어는 RFID/USN 상에서 발생하는 대량의 EPC 데이터를 필터링하고 집합화하며 원시 이벤트 생성 기능을 통하여 애플리케이션이 필요로 하는 데이터 형태로 자료를 가공하는 기능을 수행하며, RFID 상황인지 미들웨어는 미들웨어로부터 가동된 태그 데이터와 수집한 데이터를 시간적으로 체계화한 이력 또는 프로파일 정보, 나아가 센서로부터 수집되는 실시간 환경정보를 가공하여 상황(context) 정보를 산출하여 애플리케이션이 활용할 수 있도록 하는 기능 및 대규모 환경에서 효과적으로 이벤트의 생성, 모니터링, 알림(notification) 프레임워크를 제공하여 각종 애플리케이션이 이벤트를 효과적으로 처리할 수 있도록 하는 기능을 제공한다.

EPCglobal이 2004년 제정한 ALE(Application Level Events) 미들웨어 표준규격은 리더기로 전달받은 EPC 데이터를 일정기간에 걸쳐 수집한 후, 중복되거나 불필요한 데이터를 제거한 후 응용 애플리케이션(예: ERP 또는 CRM)에 리포팅하는 표준 API[8] 규격을 제공한다. 유통 및 물류 및 수동형 RFID의 응용에 널리 사용되는 ALE 미들웨어는 다른 ALE 호환 미들웨어 제품에도 실행되므로 이식성이 높다.

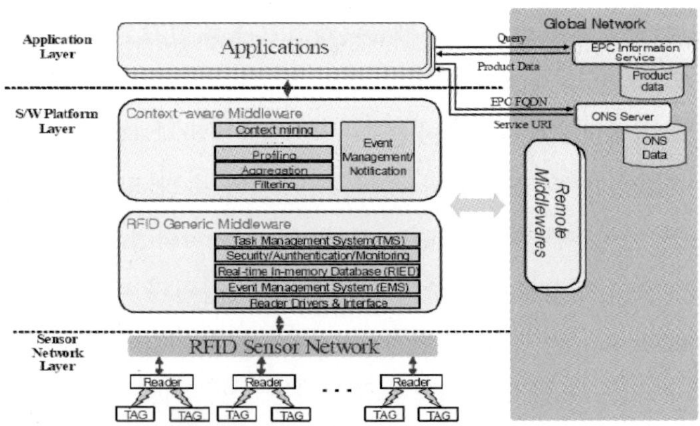

그림 6-2 소프트웨어 플랫폼 개념도

출처 : 박준호, 김은수, 「경상북도의 임베디드 RFID산업 육성방안」, 대구경북연구원, 2006, p. 62.

8) Application Programming Interface의 약자

표준화 노력은 RFID 미들웨어가 표준화된 코드, 정보표현, 규약을 준수하고 정보교환을 위한 메시징 기술을 적용한 개방형 구조로 개발되어야 한다는 점에서 긍정적인 요소로 작용할 것이다.

RFID 미들웨어는 도난품 위치추적, 환경정보, 컨테이너 Seal 등 Active/Passive RFID 태그에서 보내는 정보를 동시에 실시간으로 처리할 수 있어야 하며, 레거시 시스템(기존의 ERP 시스템 등)의 미들웨어와도 호환될 수 있어야 한다. 실시간 데이터 처리를 위해서는 효율적인 DB관리 기술이 구현되어야 하고, 이벤트(재고부족, 물량증가, 도난상품 판매) 발생 시 처리하는 기능, 도난품 근거리 위치추적 기능, 상품의 보관상태 및 유통기한을 실시간으로 관리하는 미들웨어의 구현이 필요하다.

기술 동향

RFID가 본격적으로 도입되기 시작하면 RFID 관련 하드웨어보다는 수집된 정보들을 관리하는 인프라의 구축이 더욱 중요해질 것이다. RFID로부터 수집된 데이터는 정확한 수요, 도난 및 재고부족방지, 자산추적, 공급망 효율성 향상 등을 위한 기초 자료로 활용될 것이며 이를 위해 기존 공급망 관리 소프트웨어와 RFID 데이터 통합은 더욱 중요한 과제가 될 것이다. 이를 위해 국내 소프트웨어 개발기업들은 기존 ERP 시스템 등 기간 시스템에 데이터를 전달하는 미들웨어나 이 데이터를 다양하게 활용하는데 필요한 애플리케이션의 개발에 관심을 갖고 있다. 그러나 대부분 소프트웨어 개발회사들은 자사의 솔루션에 RFID 데이터를 처리할 수 있는 미들웨어를 제공하는 정도에 그칠 뿐 RFID 중심의 프로세스를 처리할 수 있는 패키지 솔루션 자체를 업그레이드해서 제공하는 기업은 별로 없다.

물류관리의 대상이 되는 단품의 ID인 전자상품코드(EPC)는 현재 공식적인 국제표준이 없지만 미국의 EPCTM이 사실상 표준이 될 것으로 예상된다. 표준화된 EPC 데이터는 1) 개별 객체를 유일하게 식별하기 위한 EPC(또는 EPC Identifier)와 2) EPC Tags에 대한 효과적인 인식을 지원하기 위해 사용될 수 있는 부가적인 Filter Value로 구성된다. 특히 능동형(active) RFID 태그를 효과적으로 활용하기 위해서는 새로운 표준이 제정될 때 마다 장비의 전면적인 교체가 없이도 리더기의 펌웨어(firmware)만 업그레이드하면 손쉽게 그 표준을 활용할 수 있도록 리더기를 설계할 필요가 있다.

Microsoft는 2005년 상반기에 RFID 시장에 진입하고, 향후 Windows 시스템 내에 RFID기능을 추가할 것이라는 계획을 발표하였고, SUN은 Sun Java System RFID Software를 발표하였는데 이 제품은 RFID 데이터통합을 단순화해 대량 데이터 관리의 복잡성을 감소시키고, 태그 및 리더기 등 하드웨어 관리를 효율적으로 한다.

Oracle은 오라클 애플리케이션 서버 11i.10에 RFID 리더기와의 통신기능을 포함시킬 계획을 가지고 있으며, SAP은 NetWeaver와 같은 통합 플랫폼을 사용하여 전사적으로 RFID정보를 포함한 모든 정보를 공유할 계획이다.

소프트웨어 분야는 2003년 후반기부터 국내기업들이 관심을 가지기 시작하여 Data Gathering 기술, Event Management 기술, Database 분야, Application Integration 및 API 기술 분야는 비교적 우수한 수준으로 국제적인 경쟁력을 확보하고 있다. 미들웨어의 경우, 상용화가 부진하고 시장형성의 지연으로 인하여 적극적인 기술 개발이 수행되고 있지 않다. 현재의 다양한 응용주파수 대역 및 적용분야는 멀티밴드/프로토콜 리더기 및 고정/이동형/휴대형/PCMCIA형 등 다양한 크기/용도의 리더기 개발이 필요하고, 데이터의 처리 및 분배를 위한 지능형 에이전트와 다양한 비즈니스 시스템(SCM, ERP, CRM)에 연동하기 위한 적응형 미들웨어의 개발이 진행되고 있다.

현재 RFID/USN 관련 기업들은 370여개 인데 세부적으로 보면 다음 <표 6-4>와 같다. LS산전, 세연테크놀로지, 코리아센서닷컴, RFID LAB, 한맥이엔지 등은 저주파용(13.56MHz) RFID 리더기를 생산하고 있다. 유통 및 물류 분야에서 각광받고 있는 UHF 대역의 리더기는 키스컴, 크레디패스, 한맥이엔지, 현대오토넷 등 20여 개 업체들이 생산하고 있다. 특히 LS산전은 연간 10만대 규모의 리더기를 생산할 수 있는 시설을 가동하고 있으며, 2006년부터 RFID 태그 생산라인을 가동하고 있다. 최근 삼성태크윈도 900MHz대 RFID 태그 양산을 위한 설비를 갖추고 스마트라벨과 단말기 분야에 나서고 있으며, 2007년 상반기 LG 이노텍도 RFID 리더기 시장에 뛰어들었다.

표 6-4 RFID/USN 관련 기업구성

분야	기업군	비고
RFID 태그 및 리더기	LS산전, 삼성태크윈 등 127개	부품 및 기기공급은 대부분 중소기업임
미들웨어 및 SI	아시아나IDT, 삼성SDS 등 146개	
USN(센서 노드 등)	그린센서, 누리텔레콘 등 102개	

RFID 기술이 다양한 영역으로 확산됨에 따라 LG CNS, 삼성SDS, SK C&C, CJ시스템즈, 신세계IC, 대상정보기술, 롯데정보 등 국내 SI업체

들도 RFID 시스템 구축과 유비쿼터스 시티(u-City) 등을 주요 사업 분야로 삼아 다양한 사업모델을 발굴하고 있다.

<표 6-5>는 선진국 대비 국내의 RFID 관련 기술의 수준을 요약해서 보여주고 있다.

표 6-5 선진국 대비 국내 RFID 관련 기술수준

분야	기술항목	선진국 대비 기술수준				
		부족	다소 부족	동등	우월	매우 우월
태그	칩 제조 기술	-3～-4년				
	패키징 기술		-1～-2년			
	칩내장 안테나 기술		-1년			
	변복조 기술		-1년			
	주변정보 감지	-3년				
리더기	안테나/RF기술			0～-1년		
	전송/엑세스 기술		-2년			
	멀티 태그 인식		-2년			
무선 네트워킹	Ad-hoc 기술		-2년			
	저전력 기술		-1년			
미들웨어	객체정보관리		-1년			
	상황정보관리	-3년				
	정보보호기술		-1년			
	정보기술 아키텍처		-1년			
	Data Gathering		-1년			
	Event Managing		-1년			
	Application Integration		-1.5년			
	H/W Configuration			격차없음		
	DB		-2년			
리더기 S/W	API		-2년			

4) EPC(전자상품코드)와 네트워크

EPC(Electronic Product Code)는 RFID 태그에 내장되는 코드로서 메모리 비트 크기에 따라 EPC-64, EPC-96, EPC-256 등 버전이 있으며, EPC-96은 코드의 종류를 구분하는 버전헤더 8비트, EAN.UCC 제조업체 번호 28비트, GTIN(Global Trade Item Number)을 포함하는 제품 번호 24비트, 일련 번호 36비트 등 총 96비트로 구성되어 있다. 기존 바코드는 제품군에 따라 동일한 바코드 번호를 갖지만, EPC는 제품 하나하나 마다 고유한 번호가 부여되어 가격이나 제조업체, 제품의 위치 정보까지 지정할 수 있다. 예를 들면 350ml 콜라 캔이 바코드에서는 모두 동일한 상품으로 인식되지만 EPC로는 약 680억 개까지 개별식별이 가능하다.

EPC는 UPC(Universal Product Code) 코드의 차세대 버전이라 할 수 있는 것으로, 국제 표준화 기구인 EAN.UCC System 산하의 EPCglobal이 포멧 표준을 관리하고 있다. EPCglobal은 MIT의 기술연구소인 Auto-ID센터를 흡수하여 설립되었으며, EPC 표준상품코드, ONS(Object Name Service), EPC 인포메이션 서버, Application Level Event 등으로 구성된 EPCglobal 네트워크에 기반을 둔 RFID 관련 기술과 표준화를 주도하고 있다. EPCglobal과 ISO/IEC를 비롯한 여러 단체에서 RFID에 대한 표준을 제정 중에 있으며, 그 결과로 현재 EPC 코드, ISO 15963, uID 등 다양한 코드계가 객체에 대한 식별 코드계로 개발되고 있다.

EPCglobal 네트워크는 EPC(전자상품코드)와 RFID 기술을 근간으로 처리 중인 상품의 정보를 교환하는데 사용되는 표준 프레임워크이다. <그림 6-3>은 EPC 네트워크를 <표 6-6>은 EPC 네트워크 구성요소를 보여주고 있다. EPCglobal 네트워크는 궁극적으로 유선을 떠나 무선을 지향하며 사물에 부착되는 모든 센서들이 수집한 정보를 실시간으로 유통하는 무선 센서 네트워크, 즉 USN(Ubiquitous Sensor Network)으로 발전하고 있다.

기업 A와 B는 하나의 공급망으로 묶여진 협력업체들로써 상호간에 EPC와 기타정보를 인터넷과 같은 개방형 네트워크를 통하여 공유할 수 있다. 두 기업간에 이동하는 모든 상품에는 RFID 태그가 부착되어 있으며, 이 상품들이 EPC Reader(리더기)를 통과할 때마다 EPC, 일자, 시각, 위치 정보 등을 네트워크를 통하여 전송한다. EPC Middleware는 이렇게 받은 데이터를 가공하여 내부시스템으로 보내거나 EPCIS의 상품정보를 업데이트 한다. 궁극적으로 EPC 네트워크는 유무선 인터넷을 통하여 공급망에 소속되어 있는 글로벌 기업들끼리 서로 정보를 교환할 수 있다.

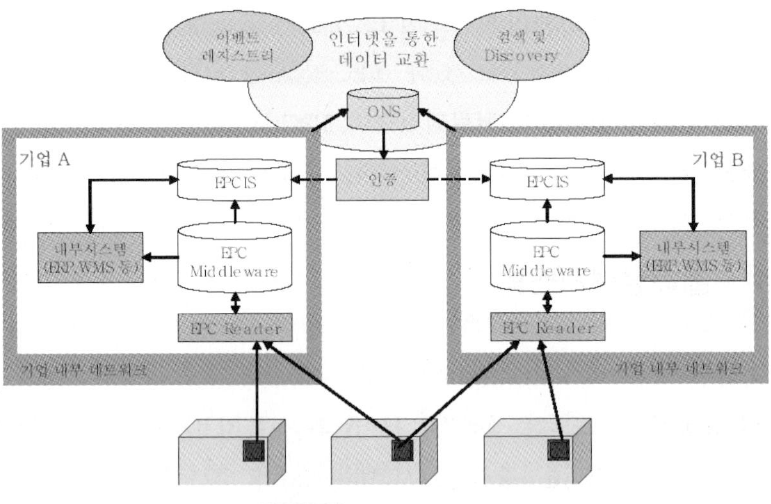

그림 6-3 EPC 네트워크

출처 : 한국유통물류진흥원, "EPCglobal Network Overview", 2005.

표 6-6 EPC 네트워크 구성도

구성 요소	내 용
EPC Middleware	• 리더기와 내부시스템 사이에 데이터 교환을 가능하게 함. • 실시간 판독 상황을 감독하고, 문제가 있을 시 경고 메시지를 발송하며 EPCIS나 기타 내부 시스템에 전송할 실시간 판독 정보를 관리
Discovery	• 사용자가 특정 EPC에 대한 데이터를 찾아 그 데이터에 대한 접속 승인을 요청할 수 있도록 지원하는 서비스
ONS	• Discovery 서비스의 일부인 일종의 디렉토리 • EPC에 대응되는 사물의 정보가 인터넷상에 어디에 있는지를 찾을 수 있도록 EPC를 인터넷상의 URL로 변환시켜주며 이를 이용하여 IP주소를 찾아 해당 상품, 케이스, 팔레트 등에 대한 상세정보를 제공해줌
EPCIS	• 상품정보를 관리하고 정보를 요구할 때 PML(Physical Markup Language)로 변환해주는 컴퓨터 시스템

RFID 기술은 작게는 바코드를 대신할 새로운 상품 인식기술이지만 멀리 본다면 세계물류관리의 핵심표준이 될 것이다. 이러한 위상 때문에 현재 ISO/IEC 18000-6 type C와 EPC의 보급 노력이 많이 이루어지고 있다. 2007년 5월에 '유통업계의 UN'이라 불리는 'GS1'(Global Standard 1) 총회가 서울에서 열렸다. 'GS1'은 전 세계 106개국 100만개 기업이 가입한 민간기구로, 바코드, RFID, 전자문서의 국제표준을 개발·보급하는 일을 하고 있다. 이번 총회에서는 기업 간에 RFID를 이용해 제품 정보를 교환할 수 있는 기술 표준인 '전자상품코드 정보서

비스(EPCIS)를 공식 확정, 발표되었다.

기술 동향

향후 식별코드는 제품, 이력, 센서 데이터의 식별 영역 확장과 기존 업종별 식별 코드계의 효과적인 수용 방안에 준한 기술이 요구된다. 현재 미들웨어에 대한 구체적인 사양에 대한 국제 표준화는 존재하고 있지 않지만 궁극적으로 애플리케이션이 디바이스 계층의 세부 기술적 사양에 대한 정보가 없이도 논리적으로 RFID 기능을 구현할 수 있는 표준화 기반 API가 제공될 수 있을 것으로 전망된다.

2008년 5월 지식경제부와 대한상공회의소는 산업계의 RFID 기술도입 및 활용을 지원코자 RFID/EPC 국제인증센터를 구축하였고, 이 센터는 RFID 국제표준 선도기관인 EPCglobal의 수감을 통해 공인시험기관 자격을 획득하였다. RFID/EPC 국제인증센터는 EPCglobal의 국제표준규격에 따라 RFID 태그, 리더기의 성능과 인식율을 검증해 줌으로써 RFID 도입 업체들이 인증된 표준화된 제품들을 믿고 쓸 수 있게 되었다. 센터의 기능을 통해 국내 RFID관련 제품의 해외수출이 더욱 용이해 져 RFID 산업이 더욱 활성화하고 RFID기술의 표준화도 촉진될 것이다.

2 RFID/USN 시스템 관련 특허출원 현황

RFID 관련 특허출원의 동향을 살펴보면 RFID의 응용기술의 현황을 엿볼 수 있다. 여기에서는 호스트 컴퓨터 기술, 통신 및 네트워크 기술, 물류운송 기술, 창고관리 및 재고파악 기술로 나누어서 서술하고자 한다.

1) 호스트 컴퓨터 기술

호스터 컴퓨터는 RFID가 물류, 운송, 상품관리 등 응용분야가 확대되면서 관련 특허 출원이 많았다. 최근 ERP와 SCM 등과 맞물리면서 물류와 연계한 시스템의 출원과 정보를 효율적으로 수집, 처리, 저장하는 데 중점을 둔 대용량 DB관련 출원(ADC: automatic data collection), JDBC: Java Database Connectivity[9])과 시스템의 성능과 기능에 변화를 준 특허들이 주를 이루고 있다. 특히 다양한 종류와 성질의 복잡한 물품 정보를 처리하기 위해서는 효율적인 DB관리가 필요한 바 이와 관련된 특허(미국6509828, 미국6488209, 미국6398105)들이 많이 출원되었다.

2) 통신 및 네트워크 기술

RFID 시스템의 각 구성요소 간의 쌍방향 통신을 구현한 특허(미국5317330)와 수신율과 인식을 높이기 위한 연구가 계속되면서 이와 관련하여 안테나를 개선하는 방법과 오류검파방법과 같은 특허(미국5572226, 미국5608739)가 출원되었다. 2가지 이상의 주파수 대역에서 동작하는 특허(미국6384712, 미국6617962, 한국공개특허2003-0079582)도 출원되었다. RFID의 보안문제를 해결하기 위한 특허(일본공개특허1999-010735, 일본공개특허 2001-211915)도 출원되었다.

---

9) JDBC는 자바로 작성된 프로그램을, 일반 데이터베이스에 연결하기 위한 응용프로그램 인터페이스 규격이다.

3) 물류운송 기술 동향

무선 환경에서 물류의 이동정보를 생성하여 이용하도록 해주는 특허가 많았는데, 컨테이너와 팔레트와 같은 용기를 활용하는 응용방법, 센서를 활용하여 온도나 습도 등의 다양한 정보를 운송 도중에 알려 주는 기술, 우편물을 관리하는 기술, 선적이나 검수 시에 RFID 태그를 이용하는 방법에 관한 특허가 출원되었다.

RFID 태그에 모듈 안테나와 시스템을 구비하여 컨테이너에 부착된 신호를 전송받아 다른 컨테이너와 구분하는 특허(미국6724308), RFID 태그에 차량 ID정보를 저장하여 RFID 태그가 부착된 차량이 접근하면 차량 ID 정보를 기지국과 통신하여 차량을 편성하는 특허(미국5635693), 태그에 선박 화물의 수송과 운송에 관한 정보를 저장하여 선적 기기들이 이 저장정보를 읽어 지시된 방법에 따라 화물을 적재하는 특허(미국6332098)들이 있다.

4) 창고관리 및 재고관리 기술동향

창고관리나 재고관리의 일반적인 문제점은 실제 재고량과 DB상의 수량과의 불일치일 것이다. 분실, 도난, 기재 실수 등 현재의 창고 및 재고관리 시스템으로 통제할 수 없는 많은 요인들 때문에 늘 실제 재고량과 DB상의 수량과는 차이를 보인다. RFID기술은 이런 문제점을 상당부분 해소해 줄 것으로 기대되는 바, 물품재고관리에 관한 특허, 상품의 위치나 상태를 파악하여 상품관리에 응용한 특허, 도서와 비디오 등의 대여에 관한 특허 등이 출원되었다.

주요 특허로는 서적과 같은 물품들의 재고통제시스템으로 물품에 대한 순환상태정보를 유지하는 특허(한국특허출원2000-7000800), 서적의 대출자를 판단하고 이를 DB에 자동으로 기록하는 자동대출 시스템 특허(일본특허출원 11-190505(1999)), 유통기한이 있는 상품을 제조일 경과에 따라 차등가격부여를 가능하도록 하는 특허(한국특허출언2000-57864), 선반이 주기적으로 리더기에게 신호를 보내 소장 도서재고를 쉽게 파악할 수 있도록 하는 장서관리 특허(미국5963134) 등이 출원되었다.

3 RFID기술의 극복과제

RFID가 신기술이기 때문에 현재 극복해야 할 단점이 많이 있다. 기술의 미성숙, 높은 도입비용, 제도적 규제, 미흡한 국제 표준이 여전히 걸림돌이 되고 있다. 태그의 가격이 아직 바코드에 비해 비싸고 표준의 보급이 이루어지지 않아 태그, 리더기 제조업체간 호환이 제대로 이루어지지 않고 있다. RFID 도입에 필요한 주파수를 국가별로 국제기구를 통하여 제한함에 따라 허가된 지역 혹은 영역 외에서는 사용할 수 없어 RFID의 도입과 사용에 규제가 많은 것이 현실이다. 국제 표준 프로토콜이 제정되고 이를 지원하는 공급업체가 늘어나면서 RFID 태그 및 리더기 등 하드웨어 간 호환성이 높아지고 있으며, RFID에 대한 관심의 증가로 태그 및 리더기의 주문량이 늘어나면서 도입비용은 계속 하락할 것으로 예상된다. RFID를 적극적으로 도입하고 있는 미국, 유럽, 아시아 등에서는 관련 법과 제도의 정비가 빠르게 이루어지고 있으며 정부의 규제도 철폐되고 있는 과정에 있어 RFID기술의 보급은 가속도가 붙을 예정이다.

1) 경제성

높은 초기 투자비용은 RFID/USN을 도입하는데 걸림돌로 작용하고 있다. 대부분 기업들이 도입하고 있는 바코드 시스템을 교체하는데 상당한 초기 비용이 들며 태그 구입 등 소모성 비용으로 인해 운영비용이 상승하는 것이 부담이 되고 있다. 바코드의 경우 단가가 10원 이하이지만 RFID 태그는 개당 100원(범용), 1500원(특수용)이라는 데서 기업들의 고충을 어느 정도 엿볼 수 있다. 태그 가격이 50원 이하로 떨어질 경우 도입이 확산될 것이라는 전문가의 의견도 있다(지식경제부, 2009).

태그를 소형화하고 단가가 더 떨어지도록 하기 위해서 RFID 제조업체들은 제조 및 공정기술을 혁신해야 한다. 예를 들면 RFID 태그 생산업체들은 제조 및 조립(패키징) 공정 효율성 향상 및 생산량 증대를 통해 장비 가격을 낮춰 시장 규모를 확대하는데 관심을 두고 있으며, 공정혁신을 통해 원가의 20%를 차지하는 제조/조립 비용을 최소화할 필요가 있다. 한편 태그에 포함되는 안테나를 표면위에 직접 프린팅을 하거나 칩 안에 직접 구현하거나(Antenna-on-a-Chip기술), Chipless 태그 등 다양한 방법을 통하여 태그의 소형화를 시도되고 있다.

2) 주파수 대역

방송통신위원회는 908.5～914MHz대역의 주파수를 RFID/USN용으로 할당하였다. 그러나 RFID 리더기와 관련된 것만 제정되었기 때문에 USN에 관련한 표준기술은 없는 상황이다. 이 문제는 향후 RFID/USN이 확산됨에 따라 주파수 간섭문제의 원인이 될 수 있다. 따라서 업계는 900MHz 대역을 모바일 RFID, 고정형 RFID, USN이 함께 써야 하므로 주파수 배분폭을 넓힐 것을 제안하고 있다(08년 6월 현재). 이에 RFID, USN, 무선마이크의 900Mz 대역의 국내 주파수 재배치와 같은 기술기준에 관한 공청회가 진행되고 있다.

RFID관련 업계는 135MHz 저주파 대역과 관련해서 RFID 출력기준을 넓혀야 한다고 지적하고 있다. 현재의 기준으로는 출력기준이 너무 낮아 무선주파수 도달 범위가 짧아 인식률이 떨어지는 원인이 되고 있다. 실제로 전파연구소의 2008년 5월의 연구에 의하면 3m를 기준으로 했을 때 EU와 미국의 출력기준은 각각 149, 145db인데 반해 우리나라는 96db에 불과하였다.

3) 보안

문제점

RFID 태그의 이용이 확산될 경우에 기업의 정보보안 및 개인정보유출 문제가 더 심각해 질 수 있다. 이는 RFID가 전통적으로 사용되어온 바코드와는 여러 가지 면에서 다르기 때문에 그렇기도 하다.

첫째, RFID 태그는 현재도 크기가 작지만 향후 점점 소형화될 것이며 리더기와 조금 거리가 있더라도 정보를 읽을 수 있다는 장점이 있다. 그러나 이러한 장점은 때로 최종소비자에게는 오히려 불리하게 작용할 때도 있다. 기업들이 태그 부착 여부를 최종 소비자에게 고지하지 않는다면 자신도 모르는 사이에 RFID 태그 정보가 제3자에게 도청될 수 있는 것이다. 즉 정보주체가 정보수집 상황을 인식하지도 못한 체 정보가 수집되어 이용될 수 있다.

둘째, RFID 태그에는 생산된 개별상품의 유일한 ID코드가 부여된다. EPCglobal은 세계적 차원에서 산업별, 업체별, 공급체인별로 고유 식별

ID를 제공하고 있으며, 업체들도 개별 제조물 각각에 고유 식별ID를 부착하여 관리할 수 있다. 이로 인해 태그가 부착된 모든 사물들의 위치 추적이 가능하며 때로 최종소비자의 사생활침해도 가능해 지는 것이다.

일반적으로 RFID 태그가 부착된 상품이 제조-물류-유통-최종소비자라는 라이프사이클을 통해 이동하면서 상품들의 입출고 내역, 위치정보, 수령확인 여부 등의 정보가 기록되고 이러한 정보가 소비자들의 개인정보와 연결되어 DB화 된다면 기업이나 마케팅 대행업체들이 군침을 흘릴 수 있는 고급 정보가 될 수 있다. 아울러 허위주문 및 결제 등 전통적인 보안 문제도 도사리고 있다.

실제로 마켓에서 좀도둑의 단골 품목인 면도날을 대상으로 RFID 기술을 적용하려 했던 질레트사는 소비자들의 불매운동이라는 저항에 직면한 적이 있었다. 질레트는 진열대 위 면도날에 대하여 RFID 기술의 추적 기능을 시범적으로 적용하였으며, 상품이 분실, 도난 되거나 재보충이 필요할 때 미리 경고를 해 주어 효율적 매장관리가 가능하다는 것을 알게 되었지만 이 시스템의 구축을 정지할 수밖에 없었다.

RFID 네트워크를 공격하는 유형은 i) 악의적인 공격자가 태그의 정보를 얻고자 시도하는 공격, ii) 리더기와 태그 사이에 오가는 정보를 엿듣는 경우, iii) 공격자가 정상적인 테이터를 위조하여 리더기 또는 태그를 혼란시키는 공격, iv) 태그와 관련된 정보에 접근하기 위해 서버에 불법적으로 접근하여 해킹하는 공격, v) 인증되지 않은 DoS[10)]트

10) denial of service(서비스 거부)의 약자로서 사용자나 기관이 인터넷상에서 평소 잘 이용하던 자원에 대한 서비스를 더 이상 받지 못하게 되는 상황을 가리킨다. DoS는 일반적으로 전자우편과 같이 특정 네트워 서비스가 동작하지 않거나, 네트워 접속 및 서비스 등이 일시적으로 제 기능을 발휘하지 못하

래픽으로 공격하는 경우가 있다.

몇 가지 정보보안 공격의 예를 들어보자. 제조과정에 있어서 RFID는 주로 원자재의 입고관리, 재고관리, 생산 및 공정관리에 적용되는데, 바코드를 이용하던 기존 관리시스템과는 달리 정보의 입력단계에 공격이 있을 수 있다. 태그 정보가 무선으로 교환되는 과정에서 도청을 하여 원자재의 입고량과 재고량 등을 해커가 파악할 수 있다. 물류관리를 할 때도 바코드를 이용하던 기존방식과는 달리 태그 정보가 무선으로 교환되는 과정에서 도청될 수 있다. 박스, 팔레트, 컨테이너 등의 부착된 태그 정보가 교환되면서 상품의 상·하차 목록, 수량, 거래처 등의 정보가 도청되어 상품들의 위치 및 수령사실, 상품매매동향 등의 정보를 악의를 가진 3자가 확보할 수 있다. 이어 유통매장에 납품되는 상품의 입고·출고, 재고량 등의 정보를 경쟁업체가 빼내 상품의 회전율을 파악할 수 있으며, 유통과정에 있는 특정 상품에 대한 위치추적도 가능하게 된다. 최종소비자의 구매정보가 유통업체 등의 기업의 DB에 남아 있어 개인정보의 악용과 유출로 인한 위험은 더 높아질 수 있다.

기업들이 만일 최종소비자가 구매한 상품에 RFID 태그가 부착되어 있음을 고지하지 않고 태그와의 교신을 통해 계속 개인정보를 모은다면 소비자의 사생활이 심각하게 침해될 수도 있다. 특히 탈착이 쉽지 않은 태그가 상품에 그대로 남아 있고 해커가 이 태그 정보를 읽어 개인 사생활 정보를 빼낼 위험도 있을 수 있다. 미국의 소비자단체들이 월마트가 RFID사용을 전면 철회할 것을 요구하는 배경도 여기에 있다.

RFID기술 도입에 따른 부작용이 많이 예상된다고 하여 기술개발과

게 되는 것을 가리키며, 최악의 경우 수백만 명이 접속하는 웹사이트가 이따금씩 동작이 멈추는 경우도 생겨난다.

도입을 늦추는 일은 물류경쟁력의 향상에 결코 도움이 되지 않는다. 이 전에도 그랬듯이 오히려 신기술을 적극 도입하면서 그로 인한 해악을 최소화할 수 있는 방안들을 개발하는 일이 전반적인 물류혁신에 더 큰 도움이 될 것이다.

보안기법

일반적인 RFID 태그는 메모리 용량이 적기 때문에 기존에 사용되고 있는 AES(Advanced Encryption Standard), DES(Data Encryption Standard) 등 국제 표준 암호 알고리즘을 적용하기가 힘이 들어 기존의 알고리즘을 경량화하거나 새로운 알고리즘을 개발해야 한다.

현재 RFID 태그가 부착된 상품을 사용하는 고객의 사생활을 보호하기 위해 태그 정보를 보호하거나 추적방지를 위한 연구들이 진행되고 있다. 현재 제안된 기법으로는 Kill 명령어 접근법, Blocker 태그 기법, Hash-Lock 기법, Randomized Hash-Lock 기법, XOR 기반 One-time Pad 기법, 외부 재 암호화 기법, Hash-Chain 기반 기법 등이 있다. 예를 들면, 사람들로 하여금 Blocker 태그를 착용하도록 하여 RFID 태그의 효력을 일시적으로 정지시킬 수 있는데, Blocker 태그를 소지해야 하는 불편함, Blocker 태그를 무력화할 수 있는 태그가 또 출현할 수 있다는 점에서 아직도 불완전한 기술로 받아들여지고 있다. <표 6-7>는 RFID 관련 주요 보안솔루션 개발 및 연구기관을 보여주고 있다.

표 6-7 RFID 보안솔루션 개발 및 연구기관

기관명(국가)	기술 분야	개발 기술 현황
Worcester Polytechnic Institute (미국)	USN 환경의 암호알고리즘	- UMAC의 변형 알고리즘 제안 - Rabin, NTRU, ECC 등 공개키 알고리즘 구현
Auto-ID Lab (미국)	RFID 보안	- Hash-Lock 기법 - Randomized Hash-Lock 기법 - Silent TreeWalking and Backward Channel Key Nogotiation 제안
RSA Laboratories (미국)	RFID 보안	- Kill 명령어 접근 기법 - Blocker Tag 기법
한국전자통신연구원 (ETRI)	태그, 리더기 정보처리용 미들웨어	- 900MHz Passive RFID 칩, 태그, 리더기 개발 - 433MHz Active RFID 태그, 리더기 개발 - 정보처리용 미들웨어 개발
한국정보통신대학교 (ICU)	RFID 보안	- 정보보호 프레임워크와 태그를 위한 보안 모델 개발 - RFID 환경에 적합한 저가의 상호인증 프로토콜 제안

USN(Ubiquitous Sensor Network)의 보안은 무선으로 정보를 서로 주고받는 RFID애플리케이션에서는 매우 중요한 분야이다. RFID를 도입한 기업들은 자체적으로 Local RFID Network를 구성해야하고 이 네트워크를 통해 협력기업들과 정보를 공유해야 한다. 이 경우 보안 문제는 RFID 태그와 리더기 사이의 무선 인터페이스 사이 그리고 네트워크로 연결되어 있는 서버들에 집중된다. 특히 무선 인터페이스의 보안이 제대로 이루어지지 않으면 불법 리더기에 의해 태그 정보가 노출

될 수 있기 때문에 각종 암호화 알고리즘과 보안 프로토콜이 제시되어 있다.

여러 기업들이 USN을 공유하면 Local RFID Network에 적용되는 보안기술 이외에 타 기업들에게 제공하는 정보의 공개 수준을 결정하기 위한 접근제어 기술이 필요하게 된다. 예를 들어, A회사와 B회사가 Common RFID Network를 구축하여 정보를 공유하는 환경에서 B회사의 리더기가 A회사의 RFID 태그를 읽어서 A회사의 서버에 물품정보를 요구할 수 있다. 이 때 A회사는 B회사의 요구에 어느 수준까지 정보를 제공해야 할지를 결정할 필요가 있다.

시야를 더 넓혀 국경을 넘나드는 인터넷 형태의 Global RFID Network도 오래지 않아 보편화될 것이다. 이러한 환경에서는 Local RFID Newtwork나 Common RFID Network가 필요로 하는 것 외에 기업의 네트워크간의 인증 및 접근권한을 통제하는 시스템이 필요하다. 세부적으로 보면 리더기와 다른 네트워크 내의 서버간 접근제어, 애플리케이션과 다른 네트워크 내에 있는 서버간의 접근 제어, 서버와 다른 네트워크 내의 서버간의 접근 제어 등의 문제가 있다. 인증 및 접근제어를 효과적으로 수행하기 위해서는 네트워크 내에 공개키(public key) 기반의 인프라를 갖추고 전자서명 및 공인인증을 이용하는 방법이 필요할 것이다. 이를 위해서는 정부나 정부가 보증한 기관이 TTP(Trusted Third Party)가 되어 리더기나 애플리케이션의 인증을 수행할 수 있는 전자적 인프라의 구축이 필요할 것이다(유승화, 2005).

RFID 유비쿼터스 환경에서 해커의 불법적 활동을 막기 위해서는 다음과 같은 4가지 기술적 조치가 필요하다(유승화, 2005).

(1) 하드웨어간 상호인증

RFID 태그와 리더기 사이에는 태그를 잠그거나(lock) 푸는(unlock) 상호인증 절차가 필요하다. 특히 수동형 RFID 태그는 전원 배터리가 없고 메모리가 작은 저성능 개체이어서 데이터를 보낼 리더기를 인증하기 위해 신뢰할 수 있는 외부 서버에 접근하기가 어렵다. 한 가지 방법은 태그에 비밀키를 내장한 후 이 비밀키를 리더기가 풀 수 있으면 신뢰할 수 있는 리더기로 인정하는 것인데 기존의 기술에 비하면 안전성이 떨어지는 결함이 있다. 또한 RFID 네트워크를 구성하는 요소들(ODS[11], 정보서버, 리더기 등) 사이의 상호인증도 필요하다.

(2) 암호 알고리즘

효율적인 암호 알고리즘으로 알려진 TEA(Tiny Encryption Algorithm) 조차도 200～2000개의 게이트를 사용하는 RFID 하드웨어적 환경에서 구현되기가 어렵다. 따라서 기존의 암호화 알고리즘을 RFID 태그와 리더기간의 상호인증을 위해 사용되기는 어렵기 때문에 제한적인 환경에서도 적은 비용으로 암호화 프로세스가 가능한 RFID 태그를 개발하고, Hash 함수, 난수 생성기, 대칭키 암호, 비대칭키(공개키) 암호 등 경량화된 암호화 알고리즘의 개발이 시급하다.

---

11) 운용 데이터 저장소(Operational Data Store)의 약자. 데이터 웨어하우스(DW)의 잠정 영역에 속하는 데이터베이스 형태. DW와는 달리 운용 데이터 저장소(ODS)는 비즈니스 운용 과정에서 데이터가 현행화되며, DW가 대량의 데이터를 수반하는 복잡한 질의와 관계가 있다면, ODS는 소량의 데이터를 수반하는 질의를 수행하는 단기간 사용 메모리와 유사하다.

(3) 보안 프로토콜

네트워크에서 민감한 데이터를 안전하게 주고받기 위해서는 공유키를 사용하여 데이터를 암호화하여 주고받는 방법을 사용한다. 또한 디지털 서명(digital signature) 기법을 이용하여 해커의 공격을 차단하기도 한다. 그러나 이러한 암호화 기법이나 디지털 서명을 RFID 태그와 리더기 사이에 적용하는 것은 쉽지 않으며 공유키를 리더기와 태그 사이에 안전하게 보유하는 일도 쉽지 않다. 이런 이유 때문에 Silent Tree Walking과 Randomized Tree Walking 등의 보안 프로토콜이 제안되었다.[12] 이는 리더기가 보내는 신호의 전달거리와 태그가 보내는 신호의 전달거리의 차이에 기초한 방법으로서 태그가 보내는 신호의 전달범위는 제3자가 도청할 수 없을 정도로 좁다고 가정하고 있다.

(4) 네트워크 인프라 공격 대응

인터넷 웹서버는 DoS 공격을 막기 위해 공격 트레픽을 분산시키거나 공격을 감행하는 특정 IP대역을 차단하여 서버를 지킨다. RFID기반의 유비쿼터스 네트워크 환경에서 DoS는 태그의 데이터를 읽는 리더기에 대한 공격으로 나타나거나 RFID 인프라 시스템에 대한 공격으로 나타날 수 있다. 리더기에 대한 DoS 공격은 불법적인 태그가 합법적인 태그로 위장하여 리더기에게 과도한 용량의 데이터를 보내 정상적인 운영을 방해할 수 있다. 그러나 리더기는 이러한 DoS 공격을 쉽게 알아차릴 수 있도록 프로그램할 수 있으며, 보안관리 정책을 수립함으로써 리더기를 안전하게 지킬 수 있다.

---

12) 보안관련 기법들에 대한 상세한 설명은 「유비쿼터스사회의 RFID」, 유승화, 전자신문사, 2005, pp. 322-366 참조할 것.

인프라 시스템에 대한 공격은 인터넷 상의 웹서버에게 감행되는 방식으로 일어날 수 있지만 웹서버처럼 특정 IP대역을 차단하여 리더기 자신을 보호할 수 없다는 맹점이 있다. 따라서 RFID와 연결된 레거시 시스템들은 합법적인 리더기가 요구하는 모든 데이터를 처리할 수 있어야 하는데, 이를 위해 정상적, 비정상적인 데이터 처리를 구분할 수 있는 DoS 저항 정보보호 기술을 RFID 네트워크 설계에 추가하여 RFID 네트워크는 물론 이에 연동된 BcN네트워크의 취약성도 극복할 수 있어야 한다.

제7장 RFID/USN 산업정책

1 RFID/USN의 발전단계

일반적으로 RFID/USN 응용분야의 발전은 RFID 태그, 리더기, 기타 인프라의 고성능화와 맥을 같이 한다고 볼 수 있다. 여기에 표기된 연도는 임의로 지정된 것으로 국가와 산업 그리고 업종에 따라서 해당 단계는 매우 다양한 분포를 보일 것이다. 높은 단계로 나아갈수록 태그는 점차 소형화되고 눈에 잘 띄지 않으며 강력한 리더기와 인프라가 요구된다. 궁극적으로 USN을 통해 연결된 리더기와 서버들이 통합되면서 무선과 유선의 협력 및 분산처리는 극대화되어 갈 것이다.

1) 도입단계(2004~2005년)

초기 도입 단계에서 주로 사용된 영역은 객체 ID 인식서비스이다. 객체 ID 인식서비스는 최소의 식별기능(코드 정보)만을 가진 RFID 태그를 제품에 부착하고 관리지점(창고, 공장 등)에서 태그에 저장된 정보를 인식하여 해당 DB에서 검색하고 새롭게 생성된 제품 데이터를 DB에 저장하는 수준이다. 게이트의 센서를 통과하는 제품의 정보를 처리하는 수준으로 유통, 물류 및 재고관리 등의 분야에 적용되는 수준이라 할 수 있다.

2) 보급단계(2006년)

보급단계는 태그의 인식과 단순한 조회에 그치지 않고 보다 강화된 이력관리 서비스를 제공하는 단계이다. 이력관리란 기존의 Read-only RFID 태그가 아닌 Read-Write기능을 모두 갖춘 RFID 태그를 식품, 자산 또는 물품에 부착하여 시간에 지남에 따라 변경되는 객체의 각종 이력정보를 태그에 기록할 수 있는 서비스를 말한다. 이러한 서비스는 제품의 생산, 유통과정 정보를 통합 관리할 수 있기 때문에 그 제품을 소비하는 사람들에게 신뢰를 높일 수 있는 방편이 된다. 광우병에 대한 우려로 인해 미국산 쇠고기 수입이 큰 곤란을 겪었던 우리나라의 경우 축산물(소, 돼지 등)의 이력을 생산, 도축, 유통 과정을 이 RFID 태그에 저장하여 관리할 수 있다. 그러나 도축된 다음에 부위별로 나뉘진 고기들의 지속적인 추적과 관리는 어려워져 소비자들에게 전반적인 신뢰를 주기에는 불투명한 유통과정이라는 한계가 있다.

3) 발전 단계(2007～2008년)

RFID 태그에 주변 환경정보를 감지할 수 있는 센싱 기능이 추가되면 그 용도는 더욱 넓어질 수 있다. 이런 태그를 환자의 신체에 부착하여 각종 생리적 지수(혈당지수, 혈압 등)를 실시간으로 병원에서 모니터링하며 위험이 발생할 시 신속하게 대처할 수 있을 것이다.

4) 활성화 단계(2009년)

센싱기능이 추가된 소형의 RFID 태그에 통신기능이 추가되면 태그끼리 또는 태그와 안테나끼리 무선통신을 할 수 있게 된다. 소형 RFID 태그를 차량, 도로, 시설, 하천, 삼림, 대기에 부착하거나 살포한 후 이들이 각각의 위치에서 확보하는 데이터를 취합하여 상황을 종합적으로 관리할 수 있다. 이러한 RFID 태그간 통신기능은 실시간 교통제어, 기상관측, 재해방지, 무기산업 분야에 활용될 수 있다.

5) 성숙 단계(2010년 이후)

자율적 프로세싱 능력을 보유한 지능형 RFID 태그가 사물에 부착되어 스스로 자신의 활동을 제어하는 능력을 보유할 수 있게 될 것이다. 이 단계에 이르게 되면 앞 단계에서 구축된 시스템에 새로운 기술들이 결합되어 개발된 애플리케이션들이 대부분 실용화되고 안정화될 것으로 보인다.

2 RFID/USN의 도입단계

RFID 도입단계는 세 단계로 분류할 수 있다. 첫 번째 인식(perception) 단계에서는 RFID와 관련된 정보를 인식만 하고 도입계획은 없는 단계이다. 두 번째 채택(adoption)단계에서는 도입을 검토 또는 추진하는 단계이다. 마지막으로 셋째 단계는 실행(implementation)단계로서 완전히 도입되어 실행 및 적용 중에 있는 상황을 말한다(박용재, 임명환, 2009; 장성희, 이동만, 2009).

앞서 언급한 인식단계에서 신기술에 대한 회의론이 대두되기도 한다. 기업들은 RFID 기술에 대한 찬성 및 반대에 대한 모든 주장을 경청하고 이에 대한 종합적인 의견 수렴을 통해 향후 전략 수립의 초석으로 삼아야 한다. 신기술의 ROI 달성가능성을 의논하고 수익 창출방안과 비용절감 방안에 대해 이해 관계자들이 견해를 공유하여야 한다. 회의와 갈등을 최소화하기 위해서는 결국 더 많은 조사와 연구가 필요해진다. Tag-and-Ship 파일럿 프로젝트를 수행하거나 What-if 분석과 같은 시뮬레이션 방법을 통해 대안들에 대한 비용과 수익을 시뮬레이션해 볼 수도 있다.

도입단계에서는 자원을 배치하는 안들을 만드는 단계이다. 재고의 조달 방식, 물류 계획, 신제품 도입, 신 시장 가능성, 관리 제품의 특성과 수량과 같은 관리적 요소들이 RFID 시스템 배치에 미칠 영향을 고려해야 하고, 하드웨어(태그, 리더기, 안테나 등) 비용과 성능, 미들웨어 기능, 연구 및 개발인건비와 같은 기술적 요소들을 분석해야 한다. 끝으로 실행단계에서는 현실에 RFID 기술을 적용하여 혁신적 결과를 이뤄내는 것이다. 즉 현재 문제가 되고 있는 프로세스의 문제점을 확인한 후 RFID 기술을 적용하여 해결하는 것이다(Poirier and McCullum, 2006).

RFID 도입에 영향을 미치는 요인은 조직의 내부요인과 외부요인으로 나눌 수 있다.

1) 내부요인

기술적 요인으로는 정보기술 인프라와 인적자원의 역량을 포괄하는 기술역량과 기술적합성 요인을 들 수 있다. 기술적합성은 조직의 전략적 목적, 인프라, 실무현장과 니즈가 도입하려는 새로운 기술과 일치하는 정도를 말한다. 예를 들어, 금속이나 액체로 구성된 제품의 경우 단품별로 RFID 태그를 읽는데 노이즈가 많이 발생하기 때문에 기술을 도입하는데 신중해야 할 필요가 있는 것과 같다. 기술적합성 요인은 RFID기술의 한계점들이 하나씩 해결되면서 극복할 수 있는 요인이라 할 수 있다.

최고경영자가 신기술의 역량을 이해하는 정도와 신기술에 대한 태도는 이의 도입에 영향을 미치는 매우 중요한 요인이다. 경제적 요인으로는 의사결정자가 인지하는 신기술로 인한 비용절감의 정도와 실제 필요한 초기 투자(비용)의 규모를 들 수 있다. 이마트, 월마트와 같은 대형 유통업체들은 재고의 정확한 파악과 신속한 재고보충이 주는 이익이 분명하여 RFID 기술의 도입에 적극적이지만 공급업체의 경우 입장이 다를 수 있다. 이들은 합리적인 투자대비수익 분석을 하지 못한 체 '갑'의 지시사항을 신속하게 이행해야 하는 처지다. 따라서 최종구축단계에 일부 '을'은 큰 고객들의 지시사항을 지키지 못하거나 비용에 대한 원금회수에 대한 확신을 갖지 못한 체 따라가는 경우가 생긴다(Foster, 2004). 더구나 대형 고객들이 RFID 기술을 통해 추가로 획득한 정보를 소규모 공급업체들과 공유하려 하지 않은 경우 기술의 수용속도는 더욱 느려질 것이다.

2) 외부요인

경쟁적 압력은 중요한 외부요인 중에 하나이다. 시장변화에 대한 생산시스템의 유연성, 원가절감, 생산성 향상, 낭비적 요소 제거 등은 오늘날 대다수의 기업이 절감하고 있는 경쟁적 산물이다. 특히 우리나라처럼 글로벌 경쟁을 벌이고 있는 대기업들이 많아질수록 대기업에 납품하는 중소 협력업체들의 경쟁적 압력은 날로 거세질 것이다. 대기업들이 전체 리드타임과 재고물량의 축소를 요구하면 할수록 협력업체들은 RFID기술 도입에 대한 더 큰 압박을 느낄 것이다. 일반적으로 협상력이 강한 대기업들이 RFID도입에 대한 필요성을 인식하고 이의 도입을 서두를 경우 협력업체는 동참하지 않을 수 없다. 이러한 힘의 역학관계를 잘 알고 있는 정부는 RFID시범사업을 대기업을 중심으로 추진하고 있으며, 파급효과가 큰 공공재(도로, 항만, 다리 등)의 관리에

RFID의 적용을 확산하고 있다.

정부의 기술도입에 따른 인센티브 제공, 관련 기술의 법적, 제도적 지원 역시 RFID도입에 큰 영향을 미칠 것이다. RFID/USN분야를 차세대 성장동력의 한 분야로 인식하고 있는 현 정부는 RFID를 적용한 시범사업을 지원하고 있으며 RFID를 도입하는 업체에 세제혜택을 제공하고 있다.

3 RFID 유관산업

<그림 7-1>은 RFID 산업의 전후방 산업연관도를 요약해서 보여주고 있다. RFID 태그 및 리더기 제조에 필요한 반도체 장비업체가 대표적인 후방산업을 이루고 있으며, 미들웨어를 통한 인식과 정보교류를 위한 RTOS 등에 플랫폼 벤더들이 있고, 소프트웨어 개발을 통한 통합

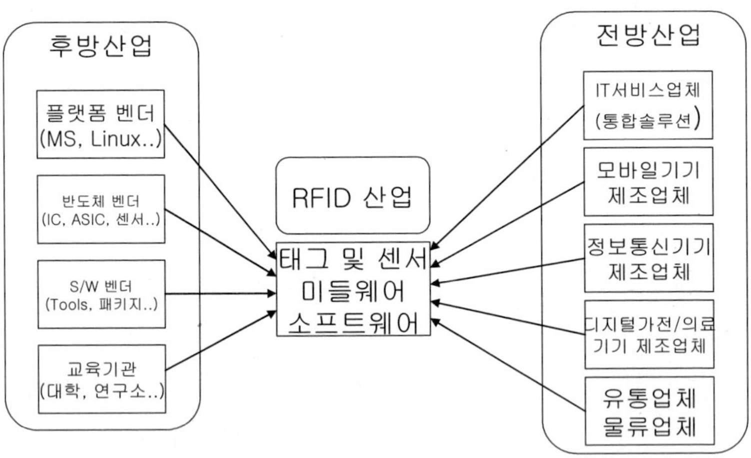

그림 7-1 RFID 산업의 전후방 산업연관도

출처 : 경상북도 임베디드 · RFID 산업 육성방안, 대구경북연구원, 2006, p. 24.

솔루션을 제공하도록 해주는 개발도구 및 패키지 제공자들로 후반 산업이 구성된다.

RFID 산업은 RFID 태그·카드와 리더기 제조부문, 이들로부터 정보를 획득하여 애플리케이션에 응용하는 호스트 컴퓨터로 구성되는 산업의 한 형태를 구성한다. 따라서 RFID Tag/Chip에서 전송된 데이터를 인식하거나 특정 범위 내에서 광범위한 스캐닝을 통해 태그와 리더기간의 인식 성공률을 확대하고, 다른 RFID 시스템 또는 Legacy 시스템으로 생성된 자료를 효과적으로 전송하기 위한 기술은 USN 기술을 기반으로 하고 있다. 따라서 RFID/USN은 하나의 산업으로 정의할 수 있다.

2009년 현재 RFID/USN 응용분야에서는 세계적으로 앞선 기술을 확보하고 있지만 원천기술의 확보는 그렇지 못하다. 원천기술의 확보는 향후 기술수출을 통한 기술무역의 흑자를 이루는데 중요한 힘이 된다. 우리나라는 2008년에 기술 수출 25억3000만달러, 기술 수입 56억7000만달러로 31억4000만달러의 기술무역 적자국이다. 2010년 1월에 한국전자통신연구원(ETRI)가 세계 22개 휴대폰 제조업체를 상대로 7개 특허기술을 침해하였다며 3000억원대의 특허침해 소송을 진행하고 있는데, 이는 기술무역 역조의 시발점으로 고무적인 사건이다. 이런 측면에서 RFID/USN 유관 업체 역시 부단한 연구개발 노력과 함께 국제표준을 선도할 수 있는 힘을 기를 필요가 있다.

2009년 RFID시장을 다음과 같이 진단할 수 있다. 기업들은 RFID/USN의 가능성은 인정하지만 아직은 모험적이고 시기상조라고 생각하고 있으며, RFID/USN 유관기업들은 사용자들의 불안에 대한 뚜렷한 대안을 제시하지 못하고 있으며, 아직도 정부 시범사업에 의존해 성장하는 시장으로 볼 수 있다.

4 ─산업 정책

노무현 정부 시절 RFID/USN관련 산업정책은 정보통신부와 산업자원부로 양분되어 있었다. 당시 정보통신부(현 지식경제부)는 2004년 6월에 'RFID활성화 계획'을 수립하고 900MHz 대역 등 신규 주파수를 확보하고 기술기준을 제정하여 연구개발 응용표준화와 테스트베드 구축지원에 나서고 있다. 이 계획에 따르면 정보통신부는 반도체 산업을 기반으로 RFID, 센서 등 첨단 신산업을 창출하고(2003년까지 총생산: 10조 1,866억원, 수출: 2조 6,933억원, 고용: 152,800명 창출) 상품 및 식품관리, 교통, 환경, 의료 등 광범위한 실생활 적용뿐만 아니라, 항만, 항공 등 물류체계의 혁신을 목표로 하고 있다. 정보통신부의 IT839 전략의 RFID 관련 요소기술별 기술개발 마스터 플랜은 별첨자료 <표 6>과 같다

<그림 7-2>는 정보통신부(현 지식경제부)가 제시한 RFID/USN 국가기술 및 서비스개발 로드맵이다. "사물의 이력정보뿐만 아니라 사물 및 인간을 둘러싸고 변화하는 물리 환경의 다양한 정보를 획득하고 제어하여 생산성, 안전성 및 인간생활 수준의 고도화를 실현"하는 것이 RFID기술의 비전이 될 수 있다.

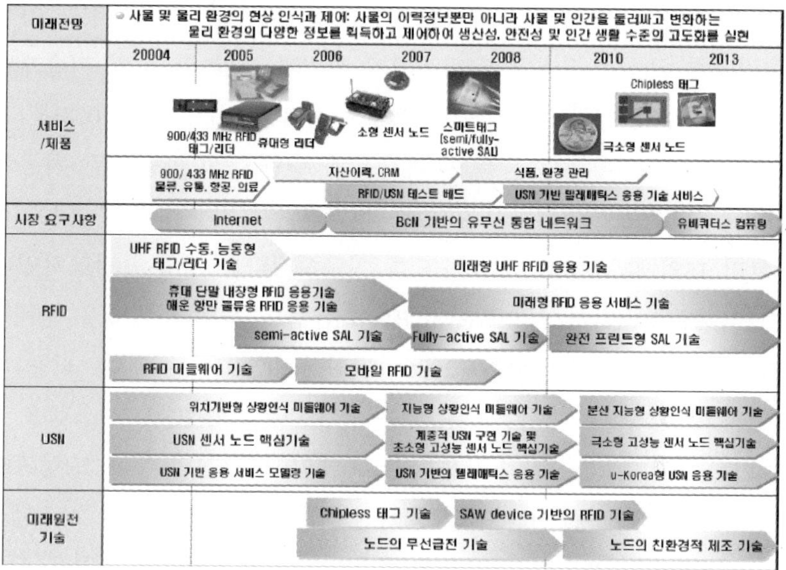

그림 7-2 RFID/USN 국가기술 및 서비스개발 로드맵

출처 : 박준호, 김은수, 「경상북도의 임베디드 · RFID산업 육성방안」, 대구경북연구원, 2006, p. 8.

정보통신부(현 지식경제부)는 또한 RFID 관련 각종 본 사업과 시범사업을 시행하면서 지난 2004년 초 2000원대이던 태그 가격을 200원대로 하락시켰으며 시범사업에 도입된 장비의 국산화율을 97%로 대폭 향상시키는 등의 성과를 달성했다. 2007년에 정통부는 민간부문의 RFID/USN를 보급 · 확산과 효율성 향상을 위해 RFID 확산사업에 82억원, USN 시범사업 30억원, 모바일 RFID 8억원 등 총 120억원 규모의 RFID/USN 확산사업을 추진하였다(2007.2.28 기준).

한편 산업자원부(현 지식경제부)는 2003년 말에 RFID 산업화를 위한 기술 요소 개발, RFID 기술의 표준화 및 국산화 구현, RFID 기술의 통합적인 관리와 산업 적용을 목표로 하는 'RFID 산업 육성 마스터플랜'

을 수립하였다. 이 플랜의 하나인 'RFID 산업활성화 지원센터'는 RFID를 적용한 글로벌 유통물류 혁신체계 확립과 보급 확산 및 기술개발, 표준화, 산업 활성화 기반 조성사업을 수행하고 있다. 특히 2008년 6월에는 군수 및 정부조달 물품, 우편시스템, 항만 등의 공공부문, 자동차, 식품 등의 주요 산업분야에 RFID를 전면 적용하기 시작하여 2012년에 이르러 15억개의 RFID 태그 수요를 창출하겠다는 계획을 발표하였다.

산업자원부(현 지식경제부)는 RFID 산업별 적용 로드맵을 준비기(2005년 이전), 도입기(2005~2006년), 확산기(2007년 이후)로 나눈 바 있었다. 준비기에는 유통, 물류, 자동차, 보안분야에 RFID 시스템을 구현하고, 도입기에는 제조, 금융, 의료·제약, 공공산업 등에 도입하며, 확산기에는 가전 등 기타 산업에 확산하며 산업군별 구축된 시스템간 상호연동성을 확보하여 산업군별 시스템을 연계·통합할 계획을 세웠지만 아직 확산기에 까지 이르지는 못한 것으로 보인다.

위의 두 가지 단계론 모두 RFID/USN의 기술적 역량, 표준화와 호환성이 향상되면서 응용분야가 전통적인 물류·유통분야를 넘어서 다양한 산업에 적용될 것으로 예측하고 있다. 그러나 물류·유통 분야에서조차도 여러 가지 기술적, 경제적 한계 때문에 RFID기술이 충분히 확산되고 있지 못하고 있는 바, 초기 단계론의 수정이 필요하며 이를 통한 RFID의 새로운 비전 제시라는 과제가 여전히 남아 있다.

2009년 정부(지식경제부)는 여전히 RFID/USN기술을 차세대 성장 동력의 하나로 보고 이 전에 두 부서에서 기획되고 실행되어 온 프로그램들을 통합하여 추진하고 있다. 정부의 RFID/USN 정책이 과거와 달라진 점은 RFID와 USN을 구분지어 각 분야별로 추진과제를 도출하여 실행하고 있다는 점이다. RFID/USN의 확산을 막는 가장 큰 걸림돌은 기존 시스템(바코드)을 폐기하고 새로운 첨단 시스템을 도입하는데 드는 막대한 초기 도입비용이다. 게다가 도입을 생각하는 기업들에게 도입효과를 확실하게 보여주는 Best Practice가 부족한 것도 원인의 한 축이 될 수 있다.

RFID/USN의 당면과제는 i) 기술개발과 확산사업간 연계부족, ii) 기술적 문제 잔존, iii) 영세 중소기업 중심으로 요약할 수 있다. 초기 과장된 산업 전망과 정보로 인한 공급업체 과다출현, 제한된 시장규모로 인한 지나친 가격출혈 경쟁과 이에 따른 열악한 수익구조 및 심각한 자금난, 초기 산업 구조에서 제조업체에 대한 정부의 보호 정책 미비 등으로 인하여 개발 중소업체들의 경제여건이 어려운 것이 사실이다. 수요측면에서 민간 부분의 신뢰 및 정확한 정보 부족, 민간 서비스 부재, 베스트 프랙티스 부족, 시장 램프 업(ramp up) 전략 부재 등을 들 수 있으며, 기술공급적인 측면에서는 1차 공급산업체의 개발비 투자여력 부재, 국가 R&D와 시장요구 기술불일치, 실환경적용 표준성능기준 미비 등에 원인을 찾을 수 있다. 많은 기업들이 RFID/USN의 확산에 대비하여 많은 R&D 투자를 하였음에도 수요 기업들의 투자위축과 확산사업과의 연계가 부족하여 당황하고 있다.

RFID 태그의 인식률과 USN의 주파수 간섭문제 등이 완전히 해결되지 않아 도입 현장에서 발생할 수 있는 세부적 문제들을 해결할 수 있는 응용기술들이 많이 필요하다. 현재 RFID/USN에 종사하는 업체들의 83%는 부품 기기 제조 중심의 중소기업이어서 신기술의 수요에 대한 정확한 예측과 과감한 투자를 할 수 없는 상황이다. 이에 대기업 SI업체를 전면적으로 내세울 수도 있으나 이도 주저되는 선택이다. 풀뿌리 같은 중소기업들이 대기업의 하청업체로 전락하면서 다양한 기술 개발 능력을 지닌 전문업체들이 고사할 수 있기 때문이다.

지식경제부는 2010년까지 총 47개의 전 국가기관과 보유물품에

RFID 태그를 부착하고 신규도입 물품에도 적용을 의무화한다는 방침이며 이와 함께 옥외 광고물, 소방물품, 교량 및 터널 등의 지자체 시설물에도 RFID를 도입하여 공공분야에 RFID 수요 창출에 기여한다는 계획을 세워두고 있다. 지금까지 완제품 물류분야(화훼, 수입쇠고기, 귀금속, 주류 등), 물류 인프라 분야(RFID 기반 물류거점 정보시스템, RTLS/USN기반 u-Port 구축), 조달분야(군수물자) 등에 많은 지원을 해왔으나 공공분야는 1회성 프로젝트로 끝나는 경우가 많아 자원의 낭비라는 비판이 많았다.

이에 2009년 들어 정부는 공공분야에 대한 사업은 현상유지 선에서 지원하고 Best Practice를 엮어 낼 수 있는 민간분야에의 지원을 확대하고 있다. 특히, 전 프로세스에 RFID/USN기술을 적용할 수 있는 선도기업을 선정하여 매칭 펀드 방식으로 지원하고 있다. 제조업체, 물류센터, 소매상을 연결하는 공급망 전체에 적용되고, 모기업과 다수의 협력기업간 부품재고관리 및 실시간 물류관리가 가능한 업체에 예산을 지원하고 있다. 예를 들면, 의약품, 의류, 전기전력, 조선, 반도체, 농작물 보호체 등 신규과제에 73억원을, 현대자동차 컨소시엄, LG전자 컨소시엄, GM대우 컨소시엄, 신세계 이마트 컨소시엄과 같은 계속 과제에도 30억을 지원하고 있다. 한미약품은 정부의 지원을 받아 재고관리를 획기적으로 개선한 사례 중 하나이다. 한미약품은 개별포장 단위로 RFID 태그를 부착한 약품을 거래 병원에 납품하였는데, 영업사원이 재주문을 위해 재고물량을 파악할 때 과거에는 30분 이상 걸렸던 것이 2～3분밖에 걸리지 않게 되었다.

2009년에는 RFID기반 공통 정보 유통 체계 구축에 필요한 인프라 구축을 시작하였다. 예를 들면, 유통분야에 적용된 「위해상품 판매차단 시스템」은 유통업체에서 고객이 구매하려는 순간에 위해상품임을 알려주는 시스템이다. 환경부 · 식약청 · 기술표준원에서 실시하는 가공식품, 영 · 유아용품, 어린이 장난감에 대한 안전성 검사를 통해 위해한 상품 정보는 유통업체 본사에 전송되고, 이는 전국 8771개 매장 계산대(POS단말기)에서 바코드 스캔 시 경보음을 울려 해당상품의 판매를 차단해 준다. 현재 다수의 시스템은 바코드 방식이지만 RFID기반 가능성을 모색하고 있다. 이러한 시스템이 완공되면 정부 또한 유통업체의 판매중지, 회수완료 등의 조치 결과를 시스템을 통해 실시간 확인이 가능하기 때문에 체계적인 상품안전성 관리가 가능하다.

아울러 USN산업화를 위한 다양한 USN서비스 모델을 발굴하고자 한다. 예를 들면, 인삼, 파프리카, 유기농쌈채소 등 고부가가치 농산물에 'USN기반 생장환경 관리 제어시스템'을 적용하여 제품의 품질, 생산량을 극대화 한다든지, u-FEMS(Factory Energy Management System), 송유배관 도유 상시 시스템, 낙동강 u-환경생태 모이터링 등 에너지관리, 하천수질관리 등에 USN의 적용을 검증하고 있다. 금호타이어의 u-FEMS (Factory Energy Management System)는 제조업 생산설비의 에너지 사용량을 실시간 검침 · 원단위 분석 및 효율성 진단을 통해 에너지 절감을 지원하는 종합 관리 시스템이다. '지능형 낙동강 u-환경생태 모리터링' 과제는 4대강 개발의 큰 축인 하천 수질관리 분야에 적용되는 시스템이며, 'u-IT 기반 송유배관 도유 상시 감시 시스템'은 최근 급증하고 있는 유류 도난 및 이로 인한 환경오염(수질 · 토양 등) 등의 피해를 방지하는 모델이다. <그림 7-3>은 금호타이어의 u-FEMS의 확산맵을 보여주고 있다.

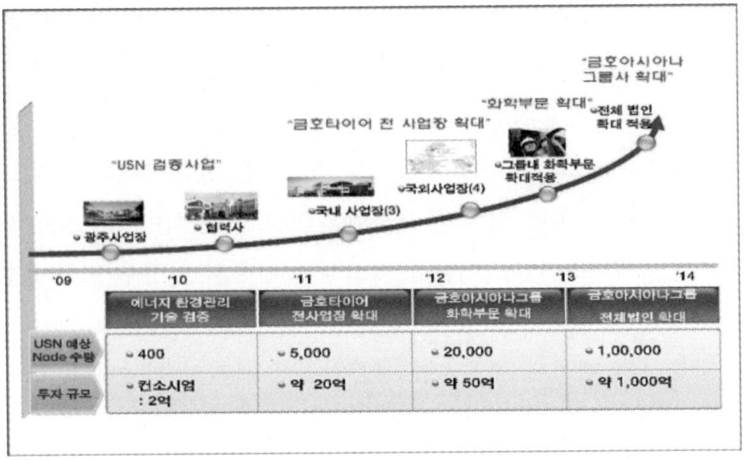

그림 7-3 금호타이어 u-FEMS 확산 로드맵

출처 : IT타임스(www.it-times.co.kr)

현재 RFID 시장은 극히 일부를 제외하고는 정부의 주도로 형성되고 있으며, 시장에 제공되는 재화와 기회의 분배에 있어서 시장과 마케팅 논리에 의해 일부 주도 기업군에 의해 불균형하고 불평등하게 이루어지고 있다. 따라서 시장을 형성하는 원천이 정부에서 민간으로 그 무게 중심이 이동할 수 있는 기반 및 분위기 조성과 시장의 이익 배분이 산업 발전의 단계에서 각 주체별로 적절한 배분이 이루어질 수 있도록 하는 사회적, 정책적, 법 제도적 노력이 요구된다(박준석, 2009).

구체적으로, 시장 수요 측면에서 첫째, 수요자 그룹을 대상으로 교육 및 홍보를 통하여 RFID 시스템에 대한 신뢰성을 기반으로 하는 기대치를 조성하는 일이 필요하다. 일례로 실제 RFID 적용 환경에 대한 면밀한 분석과 현실을 반영한 표준 실 환경 적립을 통해 RFID를 이용한 다양한 응용시스템에 대한 시험 인증 서비스를 확대해 고객 중심의 찾아가는 서비스 강화에 노력해야 하며 이를 반영한 정부인증을 통한 시험인증 결과의 신뢰성 확보 및 RFID기기의 표준적합성, 상호운용성, 무선성능 등에 대한 시험규격 개발 및 표준화, 국가 및 민간과제에 대한 BMT 시험서비스 지원을 통한 수행과제의 성공률을 높여 기술경쟁력 확보 및 생산성 향상으로 이루어져야 한다.

둘째, 민간 서비스 창출을 위한 기술개발과 아울러 법제도 기반 마련에 대한 인식과 노력이 요구된다. 셋째, 수요자 측면에서 수익을 창출할 수 있는 전략적 실행기획이 필요하다. 현재는 RFID를 수용자 환경에 적용하기 위해서는 관련 시스템 구축 및 운용을 위한 재정적 부담 이외에 다양한 시행착오에 대한 부담이 커다란 장애로 받아들여지고 있다. 이를 극복하기 이해서는 RFID 초기 도입 시 발생되는 부담을 줄여주고 시스템 신뢰성을 보장하는 서비스 관점의 접근이 요구되고, 결국 단순히 RFID 시스템을 공급하는 기존의 SI 형태의 공급에서 벗어나 시스템 공급 이외의 시스템 운영과 데이터 관리 등 서비스 성격의 사업모델의 발굴이 요구된다. 일례로 사비(Savi)나 GE의 경우 RFID를 활용한 추적 서비스에서 데이터나 이벤트가 발생할 때마다 수요자에게 요금을 부과하는 데이터 서비스의 사업모델을 발굴해 수요자와 서비스 공급자의 이윤을 극대화하는 바람직한 형태의 사업모델을 전개하여 그 시장규모를 점차 확대하고 있는 상황이다. 넷째, 국내/외 성공사례를 비즈니스 모델을 통해 시장 활성화의 전략을 마련하여 RFID/USN 주체들에게 긍정적인 비전 제시와 공정한 산업 구조의 정착이 요구 된다 (박준석, 2009).

초창기의 특징을 보이고 있는 시장에서 업체들은 정부 주도 사업에 참여함으로써 레퍼런스 사이트의 확보를 위해 노력하고 있다. 그러나 지나친 경쟁으로 인한 저가 입찰 및 사업주관사인 대형 SI업체들의 오래된 관행이 되다시피 한 횡포로 인해 관련 업체들이 윈-윈하기 보다는 제살깍기 경쟁으로 인해 수익구조가 악화되고 있다. 이러한 문제를 해소하기 위해 조달청(기획재정부)은 RFID 물품관리시스템 확산 사업(LG CNS 컨소시엄이 2008년에 수주) 중 RFID 태그 프린터 100대를 분리 발주하였으며, u-IT 확산사업의 일환인 RTLS/USN 기반 u-Port 구축 프로젝트에서 분리발주 소프트웨어 사업자 입찰도 실시하였다. 실시간 위치추적시스템(RTLS) 미들웨어 구축을 위한 이 사업에는 2억원 미만 사업으로 대기업은 참여할 수 없도록 하였다.

5 대구·경북지역 현황

대구 · 경북지역의 RFID 산업은 유비쿼터스 분야로 그 개념이 통합되고 있으며, 기존의 첨단산업 분야인 차세대이동통신, 임베디드, NT, 통신네트워크 등과 밀접하게 연관된 산업으로 그 경계선이 불분명해지고 있다. 대구지역은 임베디드 소프트웨어와 모바일 콘텐츠가 연계된 연구개발로 특화되어 있으며, 경북지역은 구미를 중심으로 임베디드 시스템 및 RFID/USN 관련 전자부품 분야로 집중되어 있다(박준호, 김은수, 2006).

2006년 8월에는 경북 RFID 산업혁신 기반구축사업의 일환으로 포스데이타가 넥스틸에 주파수 간섭문제를 해소시킨 새로운 RFID 시스템을 구축하고 있는데, 금속 특유의 주파수 간섭을 자체 개발한 RFID 미들웨어와 금속에 부착 가능한 자석형태의 RFID 태그를 적용하여 이러한 문제를 해결하고 있다.

현재 경북권의 경우, U-경북협의회를 중심으로 u-City, u-Farming, u-Healthcare 분과를 통해 시범과제를 도출하고 있으며, 경북의 RFID 기술을 이용한 지역특작물 이력관리시스템, 대구대 RIS 사업단의 RFID

기술개발, 경운대 RIS 사업단의 RFID/USN 응용시스템(U-Farming) 개발 등의 첨단 기술의 구현을 위한 초기 시범사업이 추진되고 있다. 한편 대구의 경우, 정보통신부(현 지식경제부)의 지원을 받아 차세대 PC 기술인 웨어러블(Wearable) PC 기술을 섬유에 접목한 U-Health 선도사업을 추진하고 있다. 지역의 동아백화점은 지역의 RFID업체와 협력하여 육류유통분야에 RFID기술을 적용하는 시범사업을 2006년에 시행한 바 있다.

대구·경북지역 RFID 산업체 실태조사

이 실태조사는 대구 · 경북지역에 소재하고 있는 임베디스 · RFID 산업체의 제품, 공급망, 수출여부, 브랜드, 생산방식, 기업 개요 등의 항목에 대한 실태조사를 하기 위해 10개 업체(임베디드 관련 업체 5곳, RFID 관련 업체 5곳)를 표본으로 추출하여 2006년 8월에 면담조사 방식으로 수행된 것이다(박준호, 김은수, 2006). 본 연구에서는 RFID 관련 업체에 관한 내용이면서 동시에 이 책의 목적에 부합되는 조사 내용만 요약하였다.

(1) 생산제품유형

USN과 리더기간의 미들웨어를 포함한 솔루션 개발이 다수였다. 즉 RFID 태그와 리더기로부터 확보된 실시간 데이터를 센스 네트웍을 통해 DB로 구축하기 위한 애플리케이션과 미들웨어를 통합하는 시스템 통합 솔루션으로 물류, 유통 분야의 응용 솔루션 개발이 주를 이루고 있으며, 센스 리더기 개발이 일부 포함되어 있었다. 이러한 RFID 솔루션이 철강, 영농 특용작물 재배관리, 유통센터 현장 판매지원, 생산현장 모니터링 등의 영역에 그 적용대상이 확대되고 있었다.

(2) 고객

뚜렷한 주요 고객을 확보하기 보다는 시제품 형태의 솔루션 공급이 주류를 이루고 있고, 일부 기업은 RFID 리더기 패키지 시스템을 개발하고 있다.

(3) 수출여부

RFID 개발 기술이 아직은 도입기 수준에 머물러 있으며, 시제품 개발을 통한 시장 창출이 당면의 목표로 한국HP, 한국후지쯔와 같은 솔루션 벤더와의 전략적 협력의 강화, 공공 프로젝트의 공동참여, 산학협력 네트워크 참여 확대 등을 통한 원천 기술의 확보 및 개발된 핵심기술을 이용한 상용화 기술의 확보에 주력하고 있는 실정이다.

(4) 문제점 및 정책적 시사점

규모의 경제를 기반으로 RFID 기술의 수요를 촉발한 지역의 중견수요기업은 거의 없다. 시장의 형성과 성장은 초기에는 시범사업과 같은 형태로 이루어지고, 그 다음 단계에서는 공공분야의 수요를 통해 이루어지겠지만 궁극적으로는 산업 현장에서의 상용화를 통한 민간기업의 수요가 필수적이다. 그러나 규모의 경제가 가능한 지역 금융권, 지역 백화점 및 유통업체, 자동차부품 제조업체, 패션 및 의류유통업체 등 RFID 기술을 통한 물류 및 유통관리, 현장 및 재고관리, 안전 관리 등 민간 서비스 시장의 창출이 상당히 부족하다.

지역의 RFID 산업은 여전히 전파신호를 처리하는 RFID 태그 및 리더기 기술과 관련하여 기술적 미완성의 극복이 시급하며, 주변에서 흔히 접할 수 있는 실제 비즈니스 상황에서 RFID 주파수의 인식률의 한계점을 해결해야 할 과제라 할 수 있다. 다음은 문제점 리스트이다.

- 건물 내에서 건물 외부에 있는 태그의 인식
- 주변에 금속 등 전파방해물이 존재하는 경우
- 형광등이나 네온 등 노이즈 발생원이 있은 경우
- 부착물의 재질에 따라 주파수 인식이 방해를 받는 경우

예를 들면, 우유나 생수, 냉동 음식과 같이 액체로 된 상품이나 커피 캔, 참치 캔과 같이 금속을 포함하는 상품은 주파수의 인식률이 현저하게 떨어지거나, 카드나 포스터, 파일과 같이 촘촘히 여러 개가 붙어 있는 상품의 인식률도 현저하고 떨어진다. 아울러 안테나가 너무 가깝게 설치된 경우에는 옆 자리의 아이템을 인식하거나 또는 너무 멀리 설치되었을 때는 아예 인식이 되지 않는 문제들이 발생하고 있다. 이러한 문제들을 해결하기 위해 2008년 6월에 텍사스인스트루먼트 코리아(TI Korea)는 금속이나 거친 산업(예: 폐기물처리) 환경에서 부착하여 쓸 수 있는 저주파 RFID 태그를 2종 출시하였다.

결론적으로 대구 · 경북 지역에 소재하는 RFID 관련 업체들은 핵심기술수준이나 제품 경쟁력에 있어서 아직까지는 매우 취약한 중소 규모의 업체들이 대부분이다. 업체들의 현실은 타사의 모듈을 들여와 자사 제품인 것처럼 포장하는 부분도 없지 않아 있다. 유통 · 물류 부문의 RFID 시장도 대기업 중심의 일부 시범서비스에만 적용되는 단계이기 때문에 '유비쿼터스 대구 · 경북'의 조기 실현을 위해서라도 대구경북지역의 광역 및 지자체 기관들의 시범서비스 발굴이 절실히 요청되고 있다.

제8장 RFID/USN의 활용사례

현재 RFID의 활용은 출입관리, 통행료 징수 등 전통적인 분야에 집중되어 있으나 그 활용범위는 점차 확대되어갈 것이다. <표 8-1>은 RFID 활용분야를 요약해서 보여주고 있다. 2008년 국내 산업계는 RFID기술 자체 보다는 비즈니스 솔루션(예: 재고 및 입출고 관리 등)에 초점을 두는 방향으로 진화하고 있다. 가트너 그룹의 2009년 보고서에 의하면 RFID기술이 이제 환멸의 바닥(Trough of Disillusionment)을 치고 본격적인 계몽(enlightenment)의 시기가 시작된다고 보았으나, 아직 거대한 확산에 이르기까지는 또 다른 5~10년이 소요될 것으로 보았다. ABI Research는 2010년을 기점으로 향후 5년 동안 패션의류, 자산관리, 능동형 태그가 전체 RFID 시장의 성장률을 훨씬 웃돌아 현재 9.3%인 것이 2014년이 되면 12.7%를 차지할 것으로 예측하였다. 특히 커스텀 능동형 태그는 헬스 분야, 제조업, 항공우주 및 군수산업, 운송업 분야에서 실시간 위치추적(RTLS)과 관리에 필요한 기술이어서 성장잠재력이 매우 크다.

표 8-1 RFID 활용분야

활용 분야	세부 영역
출입관리	건물 등의 출입감시 및 통제, 출퇴근기록관리, 학생출결관리
자산관리	창고, 상품 진열장, 팔레트, 기타 운송용기에 부착
화물관리	항공운수 수화물식별, 재고 및 물류관리, 바코드 대체
자재관리	공장 및 사무실의 자재 및 집기의 관리
환경	쓰레기회수처리, 폐기물관리, 재활용시스템
의료	환자의 병력관리, 의약품관리, 위험물 및 생화학 물품의 통제와 관리
교통운수	고속도로의 자동요금징수시스템, 차량위치추적, 위험물차량관리
치안방범	상점의 방범, 도서관 또는 서점의 도난방지
소방방제	소방활동지원, 방재정보수집
동물/가축 관리	가축 개체관리, 애완동물식별, 야생동물의 추적
원격자동제어	자동차, 가전제품의 자동제어 응용
금융서비스	지능형 IC 금융카드, 마케팅 목적의 포인트 카드 등

1 -제조업체 e-SCM

2009년 1월, 현대자동차, LG전자, GM 대우와 같은 민간 대기업들도 자사와 다수의 부품업계 간의 RFID를 활용한 실시간 재고관리를 할 예정이며, 신세계 이마트는 특수품목을 대상으로 제조부터 전 프로세스에 단품 단위의 RFID를 적용할 예정이다. 현대기아차와 쌍용자동차 등은 자동차 생산공정관리에 RFID를 도입하여 조립라인 생산이력관리 및 도장관리 등에 적용하였다.

실제로 GM 대우는 2009년 9월부터 시작한 e-SCM 프로젝트에서 RFID기술을 접목하여 제조와 재고관리 과정을 부분적이지만 첨단화 였다. e-SCM에 참여한 업체들은 Chasys, 남선알루미늄 등 8개의 협력 업체였다. 구축한 e-SCM은 RLMS(RFID Logistics Management System), RSCS(RFID Supply/Sequence Control System), RVMS(RFID VAA Management System)으로 구성되었다. RLMS는 협력업체가 생산한 반제품(예: 후륜구동축과 기타 부품들, 범퍼)에 RFID 태그가 부착되고 트럭에 상차된 다음, GM대우 공장까지 운반된 후 입하절차를 마칠 때까지의 과정을 추적·관리하는 시스템이다. RFID 태그에는 부품들의 조립순서 정보가 함께 기록되어 전달된다는 특징이 있다. 협력업체를 떠날 때와 GM대우 공장에 반제품이 입고될 때에 리더기가 태그 정보를 읽어 출하와 입하절차를 신속하게 처리할 수 있다. RSCS는 협력업체가 공급한 개별부품들을 조립공장에서 조립순서(sequence)에 의거하여 조립한 서브어셈블리(subassembly)를 최종조립공장에 투입하기까지의 과정을 기록하고 관리한다. 마지막으로 RVMS는 RFID기술이 차종별 생산계획(일/월)과 연계하여 해당 서브어셈블리(반제품)와 부품들이 조립라인에 두입되어 완성차가 되어가는 과정을 모니터링하는 POP(point of production)시스템과 연동된다. 따라서 현재 조립 단계별 차량의 대수, 조립 스테이션별 부품 재고량, 완성차의 대수 등을 실시간으로 집계하고 모니터링할 수 있다. GM대우는 RFID 태그에 조립순서를 생성하고 공유한 첫 사례이며, EPC Global코드 체계를 자동차제조업에 처음으로 적용한 사례라 할 수 있다. 참여한 세 협력업체의 e-SCM의 효과는 결코 적지 않았다. 년간 절감된 재고비용은 8천만원, 운송비는 2억2천5백만원 등 총 4억4천만원에 이르렀다.

ZF Friedrichshafen사는 주요 자동차 제조업체들에게 부품을 공급하는 독일 기업이다. 2007년부터 제조공장에 8단 변속기 생산과 배송을 추적, 가이드하고 생산라인 모터의 보수 기록을 관리하는데 RFID 시스템을 적용한 후 효율성이 높다는 판단아래 이를 더욱 확대키로 2010년 초에 결정하였다.

ZF사는 생산과정에서 각각의 변속기를 식별할 수 있는 방법으로 RFID도입을 검토, 태그가 거친 변속기 생산환경에 견뎌낼 수 있을지에 대한 테스트를 거친 후 8단 변속기를 제조하는 생산라인에 RFID 기술을 처음 도입하였다. 그 과정을 들여다보면, 전체 공급망 상의 15개 포인트에서 RFID 태그 판독이 이루어지며, 생산과정을 조정하기 위한 정보가 태그에 저장된다. 즉 512비트의 사용자 메모리를 가진 이 태그는 EPC Gen 2 표준을 따르며, 물품 번호, 일련번호, 기어박스의 제조일, 해당 제품을 제조한 기기 등 생산과 관련된 정보들이 저장돼 있다. ZF사는 2009년 초부터 이 시스템을 연간 10만~20만 개의 변속기 생산라인에 본격 도입하기 시작하였다. ZF사의 기술관계자는 이 시스템이 주는 주된 이익으로 높은 신뢰성, 낮은 가격, 태그에 저장된 정보를 통한 생산 과정을 제어하는 능력으로 보았다.

변속기에 부착된 태그는 향후 물류 작업, 차량 조립 과정, 자동차 수리센터에까지 적용될 수 있어 그때마다 변속기를 식별하고 수리와 검사 정보를 태그에 저장하면 자동차 수리의 효율성도 높일 수 있을 것이다.

LG전자의 글로벌 SCM 동기화(synchronization) 프로젝트는 굉장히 야심적이다. SCM 팀장은 글로벌 SCM 동기화 프로젝트가 성공적으로 완료되면 비용절감효과가 7천억원에 이른다는 사실을 알게 되었다. 그는 기존의 바코드와 비교해서 RFID기술은 운영 전반에 대한 가시성

(visibility)을 높여줄 수 있다는 측면에서 획기적인 기술로 보았다. 버튼 하나로 수많은 협력업체, 제조사, 물류센터, 유통업체의 재공정보, 재고 정보, 원·부자재의 위치 정보를 실시간으로 파악할 수 있어 꼭 필요한 재고가 아니면 미리 만들 필요가 없다. 그래서 과거에는 월단위로 생산계획을 짜던 것을 이제는 일단위로 짜는 일도 가능해 지고 있다. 이러한 가시성을 확보하기 위해서는 데이터의 신뢰성 확보가 관건이다. 다수의 태그에 담긴 많은 정보를 동시에 읽을 수 있지만 1개라도 인식이 되지 않았다면 다시 전부를 프로세싱 해야 하므로 그 낭비가 엄청나며 데이터의 신뢰성도 급격히 떨어진다. 태그에 정보를 입력(writing)하는 일도 개당 5~8초가 소요되는 단점도 지적하였다. 그리고 제품의 재질과 주변 환경에 따라 태그 인식에 큰 차이를 보이는 문제점도 있다.[13)]

이탈리아 의류업체 배네통(Benetton)은 2003년 자사 브랜드 시슬리(Sisley) 제품에 단품과 선적 상자에 RFID 태그를 부착하여 제조부터 공급망을 거쳐 매장에 배달되는 전 과정의 흐름과 재고관리를 위한 RFID 시스템을 테스트한 후 도입하였다. 테스트 결과 주문의 정확성이 향상되었고 인건비 감소를 가져왔으며, 매장관리 효율성도 증가하고 5% 이상의 판매 상승효과도 가져왔다.

2 유통 및 재고관리

산업자원부(현 지식경제부) 주관 하에 삼성테스코는 동서식품, 유한

13) Lee, Jin, "Real-time Supply Visibility by RFID," Proceedings of 2009 RFID/USN Korea International Conference, Incheon, Korea, Oct. 6~7, pp. 93-99.

킴벌리, 한국팔레트의 협력을 받아 유통물류분야 시범 사업을 '03.8~'04.7에 걸쳐 시행하였다. 이 사업에서는 UHF 대역에서 파렛트 추적관리, 입출고 관리, 재고관리 등을 Box와 파렛트 수준에서 구현하였으며, 그 결과 몇 가지 개선해야 할 기술적인 문제점과 운영상의 문제점들을 발견하였다. 이러한 실험프로젝트는 지식경제부로 정부조직이 개편된 이후에도 적용 업종이 확대되고 기술의 범위가 심화되고 가고 있다.

2008년 한미약품은 병원에 포장단위로 태그를 부착한 약품을 공급하고 있다. 영업사원은 거래 병원의 약품창고를 방문하여 리더기를 잠시 작동하면 일거에 약품별로 얼마나 소비되었는지 알 수 있고 얼마의 재고를 보충해야 하는지 판단할 수 있다. 과거에 이 작업을 하는데 30분 이상이 소요되었지만 RFID 태그를 도입한 지금 2~3분 정도 소요되어 재고관리를 신속하게 할 수 있게 되었다 (지식경제부, 2009).

삼성전자와 LG전자 등 국내 제조업체들은 대미 수출품목 중 일부에 대해 미국내 유통업체의 요청에 따라 RFID/EPC를 적용한 수출품을 선적하고 있다. SK텔레콤은 모바일 인프라를 이용하여 유통 매장의 상품정보 제공 등의 RFID 응용 서비스 개발을 하고 있으며 경영정보시스템의 효율성 향상을 위해 RFID 기술과 ERP를 연동하여 유통 및 판매정보를 바로 가공하여 경영의사결정에 활용하고 있다.

미국과 EU는 유통 물류산업 및 정부 중심으로 RFID시스템의 도입을 확대하고 있다. 다국적 대형할인점 월마트는 상위 100개 거래처에 케이스 단위로 RFID 태그 부착을 의무화하였으며, 미국의 국방부는 국방조달 물품에 대해 RFID 태그 부착을 의무화하였다. RFID를 도입하여 재고관리를 시작한지 3년이 지난 현재 월마트는 품절률 15~20% 감소, 결품률 30% 감소, 과잉주문 10~15%감소의 성과를 거두었으며, 향후 2~3년 내에 미국 전역의 매장에 확대한다는 계획이다(조선일보

2007. 5. 25).

유렵의 경우, 많은 대형 식품 제조업체들이 네슬레와 '같은 배'에 타고 있다. 초콜렛과 이유식, 애완용 식품 등을 생산하는 스위스의 다국적 기업인 네슬레는 미국의 월마트와 영국의 테스코, 독일의 메트로 그룹이 규정한 RFID 관련 의무 조항을 따르기 위해 케이스와 팔레트에 RFID 태그를 부착하고 있다.

내부적으로 네슬레는 빈번하게 발생하는 재고 부족 문제를 해결하고, 주문 자동화를 꾀함으로 제품 관리의 효율성을 달성하기 위해 RFID를 활용하였으며, 동시에 비즈니스 프로세스를 최적화한 뒤에 RFID 기술을 적용하였기 때문에 효과가 극대화될 수 있었다. EU가 후원하는 BRIDGE 프로젝트는 초콜릿의 원자재운송, 생산, 포장, 유통에 이르는 전 가치사슬에 RFID 기술의 적용 가능성을 탐색하고 있다.

Auto-ID 센터를 세운 질레트사는 2002년 11월 5억개의 RFID 태그 구매계획을 발표한 적이 있다. 질레트의 주요 브랜드는 면도날과 듀라셀(Duracell) 배터리인데 이 두 품목 모두 가장 도난이 빈번한 제품이다. 2003년부터 질레트사는 여성용 면도기 Venus가 물류센터나 소매점으로 납품 및 출하 · 판매되는 일련의 유통과정을 추적하는 실험을 개시하였다. 지능형 선반(Intelliegent Shelf)은 매장 내 진열선반에 RFID 안테나를 설치하고 진열되는 개별 상품(면도기, 건전지 등)에는 RFID 태그를 부착하여 실시간으로 물품의 출납을 감지함으로써 잘못된 선반진열 확인, 유효유통기간에 대한 확인, 결품에 대한 확인 등을 담당자에게 통지하여 고객의 구매기회 손실을 방지할 수 있었다.

GAP의 실시간 재고관리시스템은 각 제품에 RFID 태그를 부착함으로써 배송센터에서 점포에 이를 때까지 제품추적을 효과정으로 할 수 있는 실증실험을 통한 대책을 마련하고 있다(2002년 6월).

<표 8-2>는 해외 유통업체의 RFID 활용 현황을 보여주고 있다.

표 8-2 해외 유통업체의 RFID 활용 현황

국가명	회사명	내용
미국	월마트 (WarMart)	2005년부터 제조업체에서 출하되는 상품부터 RFID 태그를 부착하여 배송, 하적, 재고관리, 주문에 이르는 전 과정에 RFID기술을 적용하고 있으며, 약 130억~150억 달러의 경비절감을 하고 있음.
미국	베스트바이 (BestBuy)	2006년부터 주요 전자제품 공급업체들로 하여금 제품 케이스 및 팔레트에 RFID 태그를 부착하도록 하고 있으며 2007년에는 모든 공급업체에 이 기술을 적용하고 있다.
영국	세인즈베리 (Sainsbury)	냉동식품의 납품용 플라스틱 케이스에 RFID 태그를 부착하여 점포에 납품할 때 무인으로 검수를 함.
영국	테스코 (Tesco PLC)	2006년부터 면도기 전문제조회사인 질레트(Gillette)와 공동으로 "Smart Shelf"를 점포에 도입하여 제품의 재고관리 및 주문처리를 자동화하였다.
영국	막스엔스펜서 (Marks & Spencer)	납품용 플라스틱 케이스에 RFID 태그를 부착하여 배송센터에서 입출하관리 및 재고관리를 자동화하였다.
독일	메트로 (Metro)	RFID기술을 이용하여 상품입하관리, 재고관리, 상품정보제공을 자동화한 "Future Store"를 개장하였다.

3 물류관리 부문

항만, 물류창고, 포워딩 시스템 또는 국내물류 운영시스템과 연동해서 수출입 화물의 이동경로를 추적하고 관리할 수 있다. 영국의 도버(Dover)항은 항구로 들어오는 화물에 RFID 태그를 부착하여 위치를 확인하고 있으며, 미국의 포드(Ford)자동차는 300m 거리에서도 사물을 인식할 수 있는 태그를 이용하여 자동차 재고를 실시간으로 추적하고 있으며, 독일의 시멘스(Siemens Dematic)는 컨베이를 통해 이동하는 패키지를 분류할 때 기존의 바코드 대신 RFID기술을 적용하고 있다.

RFID 기반 자동차 부품 수출물류 효율화 시범사업('04.10 ~ '05.4)에서는 자동차 기업의 국내외 물류거점을 연계하여 자동차 부품의 G-SCM을 구축하였으며, 컨테이너 반출입 업무 자동화 및 수출입 무역망과 연계하였다. 이때 Box와 Pallet수준으로 구현하였다.

2004년 하반기부터 2005년에 걸쳐 이동통신망과의 연동실험과 물류, 택배 등 시범서비스 개발 등 기술개발 단계를 거쳐 2006년 이후 상용화 서비스 및 응용서비스 발굴에 힘쓴다는 방침인 SK텔레콤은 물자관리와 물류트래킹 서비스 모델 개발을 위한 핸드폰-RFID 접목 작업을 진행 중이다. KT도 정부 시범사업 참여를 기회로 RFID 관련 미들웨어와 단말기 기술을 확보해 나가면서 수익모델을 개발한다는 전략을 가지고 있다.

물류 분야는 사물의 인식거리가 멀어야 하는 경우가 많다. 그래서 Active형 RFID 태그는 Passive형 태그와는 달리 배터리가 부착되어 있어 사물을 인식할 수 있는 범위가 넓어 물류분야에 특히 적합하다. 공장이나 야적장 등에 쌓여 있는 물건들의 위치를 식별하고 관리할 수 있는 실시간 위치추적시스템(Real-Time Locating System)을 위해서는 이 Active형 RFID 태그 기술이 더욱 발전될 필요가 있다. 미국은 RTLS 표준을 ANSI로 승인하고 ISO에 세계표준안으로 제안하고 있어 RTLS시스템을 이용한 추적방법이 세계표준이 될 가능성이 매우 높다. 이 RTLS는 RFID 태그와 리더기간에 2.4GHz와 433MHz RFID 시스템을 표준 인터페이스로 규정하고 있다.

특히 9.11테러 후 미국은 대미수출화물의 검역시스템을 첨단화하고 있다. 미국 세관의 C-TAPT(The Customs-Trade Partnership Against Terrorism System)에 의하면 미국에 수출하는 화물은 반입 24시간 전에 적하목록을 제시해야 한다. 이 규정을 준수하여 신속한 수입통관의 우대를 받으려면 433MHz대역의 능동(Active)형 RFID 태그를 화물이나 컨테이너에 부착해야 한다. 이 태그는 한번 봉합(seal)된 후 불법으로 개봉되지 않았다는 것을 인증해줌으로써 컨테이너 내용물의 안전을 검사하는 장치이다. 삼성전자와 LG전자 등 일부 국내 제조업체들은 미국의 유통업체로 수출하는 일부 품목에 RFID/EPC를 적용하고 있다.

일본의 대형 해상운수기업인 NYK Line은 NYK그룹의 R&D센터인 MTI(Monohakobi Technology Institute)와 함께 RFID기술을 혁신적인 용도로 사용하고 물류산업에 RFID기술의 표준을 확립하기 위해 노력해 왔다. 일본의 내무성은 2008년부터 3년에 걸쳐 "u-Japan" IT 전략을 추진해 왔으며, B2B시장에서 위치정보의 호환성과 극초단파 433MHz 주파수를 이용하여 물류서비스를 가능하게 하는 IC(칩)에 관한 연구를 진행해 왔다. MTI가 수행하고 있는 "Ubiquitous Special Zone"이라는 연구도 일본 정보의 IT정책의 일부이다.

전통적으로 부두 앞 야적장에는 바코드(종이쪽지)로 관리되는 수출용 자동차들이 선적을 기다리며 대기하고 있다. 자동차들은 시간이 지나면서 위치가 바뀌거나 최종목적지가 변경되는 경우가 잦지만 변경된 정보가 종이쪽지(paper slip)를 통해서는 실시간으로 업데이트될 수 없다. 그래서 최종목적지가 변경되면 해당 자동차를 일일이 찾아 새로운 종이쪽지를 부착해야 하며, 재고를 확인하거나 찾는데도 많은 시간을 낭비하는 경우가 잦았다. MTI는 최근 기능이 향상된 RFID 태그를 종이쪽지를 대신하여 부착함으로써 야적된 자동차를 효율적으로 관리하는 방법을 연구해 왔으며 소기의 성과도 거두고 있다. 새로운 컨셉의 태그는 기존의 수동형 태그에 배터리가 추가되고, 위치정보를 디스플레이할 수 있는 기능까지 합쳐진 것이다. 이러한 신개념 태그를 야적 자동차에 부착할 경우 자동차 물류관리 프로세스가 혁신되어 불필요한 노동력과 비용이 현저히 줄어들 것이다. 원격으로 차량 정보를 변경할 수 있으며, 원하는 차량의 위치를 쉽게 파악할 수 있으며, 재고확인도 신속하게 가능할 것이다. 현재 제작된 프로토타입(FY2008 Pilot)을 기준으로 태그 한 개 가격이 100불이며, 5년간 재활용할 수 있다.[14] 아직 개당 가격이 비싸며 따라서 리사이클링해서 재사용해야 하는데 이를 위한 인프라 구축은 추가 비용이 요구된다. 따라서 값싼 1회용 태그가 제작될 수 있다면 넓은 지역에 적재된 대형 상품을 관리하는데 획기적인 기술이 될 수 있을 것이다.

4 운송

피스타치오 공급회사인 페러마운트 팜(Paramount Farm)사는 400여개의 원자재 공급자들과 2000여대의 트레일러를 관리하는데 RFID기술을

14) Ishizawa, N., "R/D Project for RFID in the Area of Auto Logistics in Japan," 2009 RFID/USN Korea International Conference, pp. 47-55.

적용하였다. 트레일러에 RFID 태그를 부착하여 피스타치오[15]가 입고될 때마다 공급자 정보를 자동으로 인식하고 품질등급에 따라 공급자별로 지불비용을 산정해 주는 시스템이다. 이 회사는 이 시스템을 2002년부터 가동하여 프로세싱에 걸리는 시간을 60%까지 단축하였으며, GPS를 이용한 트레일러 추적시스템을 통해 트레일러 사용률을 30%까지 증가시켜 비용을 절감하였다. 이 시스템에서는 금속인 트레일러와 태그 사이에서 발생하는 주파수 간섭 문제를 해결하기 위하여 RFID 태그를 트레일러에 부착할 때 산업용 양면테이프를 이용하여 트레일러와 태그 사이에 1/8인치 정도의 거리를 두었다.

UPS는 2003년부터 우편물의 흐름을 관리하기 위하여 RFID기술을 접목하였다. 접수된 우편물에는 RFID 태그가 부착되고 우편물 정보(고객 주소, 수신자 주소, 접수시간과 장소 등)는 중앙 DB에 저장된다. 집하장에 모인 우편물들은 부착된 RFID 태그의 정보(우편번호 및 주소 등)에 따라 행선지 별로 분류된 후 트레이에 옮겨지고 이어 각 트레이는 행선지별 컨테이너에 적재된다. 컨테이너 ID, 적재된 트레이 목록, 컨테이너 위치 및 시간정보가 담긴 RFID 태그를 부착한 컨테이너가 행선지에 도착한 다음 도착시간과 같은 추가 정보가 우편물 중앙 DB를 다시 업데이트하게 된다. 이런 과정을 통해 우편물이 위탁된 후 운송되는 과정과 도착 후 배송과정이 모두 기록되어 필요하면 고객에게 자신이 위탁한 우편물의 상황정보를 언제라도 보내줄 수 있으며 우편물의 배달과정을 제어할 수 있는 것이다.

---

15) 옻나무과의 낙엽교목으로 하얀 달걀형의 딱딱한 껍질 속에 들어있는 떡잎모양의 너트.

5 –제품 및 원료 이력관리

최근 주목받고 있는 분야는 농축산물의 원산지와 배송경로 정보를 관리하는 일이며 국립수의과학연구원에서는 수입 쇠고기의 수입통관 시점부터 가공 · 유통 및 판매에 이르는 과정에서 상품을 추적 · 관리할 수 있는 서비스이다. 수입고기와 차별화하여 한우의 특성화를 위해 만든 '소 및 쇠고기 이력추적제'는 농가에서 길러지고 있는 모든 송아지에게 고유의 개체식별번호를 부여하고 그 번호가 표시된 귀표[16]를 부착해 출생부터 거래, 폐사, 수출입 등 이동경로를 기록 관리하고 모든 유통과정에 관한 사항을 관리하는 시스템이다. 소비자는 구입하는 소고기에 부착되어 있는 바코드의 번호를 인터넷 사이트(www.mtrace.go.kr) 또는 휴대폰(6626+인터넷버튼)에 접속해 입력하면 소고기에 대한 출생부터 유통과정 등의 정보를 제공받을 수 있다(<그림 8-1> 참조). 송아지 때 부착된 RFID 태그가 도축된 다음 부위별로 나눠지고 난 후에는 전통적인 바코드를 이용하여 관리되기 때문에 전 과정이 RFID기술로 관리되는 것은 아니다. 미국 축산인쇠고기협회(NCBA) 역시 월마트와 맥도널드와 같은 대형 구매자와 협력하여 농장에 있는 가축들의 이력을 추적하기 위한 RFID 프로젝트를 진행 중이다. 미국에는 최소 1억 마리의 소가 있으며 그 중 매년 4천만 마리의 소가 RFID 관련 기술을 이용해 질병을 추적 관리하고, 문제가 된 소를 도살하고 있다(Sullivan, 2004).

---

16) 개체식별번호를 표시하기 위해 문자와 숫자 및 바코드(전자인식을 포함한다) 등으로 기재하여 귀에 부착할 수 있도록 제작한 표. 인쇄형, 단추형, 재부착용 전자태그를 말함.

그림 8-1 쇠고기 이력추적 시스템

자료원 : ETnews, 2009년 6월

위조행위는 수백억 달러 규모의 불법 산업이다. 루이비통 지갑, 구찌 의류, 롤렉스 시계는 물론 화이자(Pfizer)의 고지혈증 치료제 리피터(Lipitor), 비아그라, HP의 잉크젯 카트리지, 캘러웨어(Callaway) 골프 클럽 등 가짜 상품으로 막대한 손해를 치러야 하는 기업은 무수히 많다. 현재 RFID 기술은 위조 상품 방지를 위한 중요한 대안적 기술의 하나이다. 국내에서 가짜 양주가 사회적으로 큰 물의를 일으킨 적이 있었다(조선일보 2008년 11월 1일자). 국세청은 가짜 양주 유통을 막기 위해 2008년 11월 11일부터 51일간 고급양주에 RFID 전자태그를 부착해 유통경로를 추적하는 '주류유통정보시스템구축사업'의 타당성 검증을 위한 1차 시범사업을 실시하였다. 대상 제품은 페리노리카 코리아의 '임페리얼' 위스키 21년산과 17년산 1만5000병이었으며, 페르노리카 외에 24개 주류 도매업체와 유흥음식점 100곳, 이마트의 서울 양재점과 용산역점 등 10개 점포가 참여하였다. 출고되는 '임페리얼' 위스키 병마개에 오픈 시 자동적으로 파손되도록 만든 RFID 태그를 부착하고 시범사업 대상 제품의 뒷면에는 '진품 확인 가능상품' 스티커를 붙여 식별이 가능하도록 했다. 그리고 2009년 10월부터 시작한 2차 시범사업은 서울 강남구 소재 유흥주점 1,045개와 주류도매상 150개 업체가 참여하였으며, 국내 주요 위스키 3개사 제품 약 2백만병을 대상으로 하여 1차에 비해서 더 확대되었다. <그림 8-2> 주류유통정보시스템 정품인증 프로세스에 의하면 양주 제조사에서 술병에 RFID 태그가 부착되어 출고된 후 도매 및 소매 · 유흥업소로 양주가 입고될 때마다 제품정보가 주류유통정보시스템에 업체별로 등록 및 확인된다. 최종 소비지인 유흥주점에서 양주를 구매하는 고객은 주점에 비치된 동글(dongle)단말기를 휴대전화에 연결하여 양주병에 갖다 대면 즉석에서 국세청 서버에 등록된 제품정보와 대조하여 진품 여부를 확인할 수 있다. 이런 진품 확인 서비스는 2012년에는 전국적으로 시행할 계획이다. RFID기술을 이용하는 주 목적이 국세청이 주류거래의 투명성 확보에 있기 때문에 제조사, 도매업체, 소매 및 유흥업소 간의 물류 및 창고관리 혁신의 관점은 별로 부각되지 않았다. 그리고 RFID 태그의 개당 가격이 300원에 달하고 진품 확인용 단말기 가격이 25만원인 점도 기술 확산에 걸림돌이 되고 있다.

그림 8-2 주류유통정보시스템 인증 프로세스

자료원 : 국세청 2009년 9월 30일 보도자료

미국의 타이어 제조업체인 Michelin사는 제조되는 타이어에 전 생애(life-cycle)에 걸쳐 제품이력을 추적할 수 있는 RFID 태그를 내장하는 프로젝트를 수행하고 있으며 18개월에 걸친 시험기간이 끝나고 나면 태그 내장 타이어를 선택사양으로 고객에게 제공할 예정이다. 타이어에 부착되는 태그에는 차량식별코드와 타이어의 제조일자, 제조장소, 최대공기압력, 사이즈 등의 정보를 담은 타이어 고유식별코드가 저장된다. 미국의 제조업체가 이런 조치를 취하는 것은 미 의회가 2005년 모델부터 자동차 타이어의 이력을 관리하여 문제가 발생하였을 때 제조자의 추적을 쉽게 할 수 있도록 하기 위한 법을 제정하였기 때문이다.

제품 생산에 투입되었던 원자재를 추적하는 일에도 RFID 기술이 적용된다. 특히 오염된 식품이 유통되어 피해가 발생하고 소비자의 고발이 들어왔을 때, 식품회사는 해당 제품을 재빨리 리콜할 수 있어야 하며 오염된 장소와 원료를 빨리 파악할 수 있어야 한다. 이를 위해 미국의 FDA(식약품안전청)는 2004년 12월에 바이오테러 법령을 제정하였다. 식품을 가공하고 유통하는 모든 업체는 이전 단계의 식자재 및 음식의 조리방법을 확인할 수 있도록 기록을 보관해야 하며, 의약품과 혈액과 같은 바이오 제품에는 최소한 바코드를 부착하여 국가의약품 코드, 제조일, 출고일, 만료일 등을 표시할 의무를 갖게 되었다. FDA가 이 프로젝트를 추진한 초기에는 포장용기와 팔레트의 추적에 초점을 두었지만, 점차 모든 제약회사는 개별 단품 수준까지 RFID 태그를 부착해야 할 것으로 예상된다.

실제로 2006년에 포장된 시금치에서 대장균(E. coli)이 검출되어 200명의 식중독 환자가 발생한 사건 이후, 돌 푸드(Dole Foods)는 수확지에서 처리 및 포장되는 단계, 그리고 유통 상점에 이르기까지 전 과정에 걸쳐 iGPS(Intelligent Global Pooling Systems)가 공급한 RFID 기반의 팔레트를 통해 채소를 추적하기 시작하였다. 2009년 6월, iGPS의 테스트가 완료됨에 따라 돌 푸드는 RFID 기반의 팔레트 활용을 확대하기 시작하였다.

일부 글로벌 식품 업체들은 국가별로 다양한 규제를 따르기 위해 사용한 원료를 추적할 수 있어야 한다. 예를 들면, EU국가들은 소비자들을 보호하기 위해 유전학적으로 변형된 옥수수와 대두를 이용하여 만든 식품의 수입을 금지하고 있으며 이를 위해 EU 식품 법안은 원료의 추적성과 투명성을 위해 라벨 부착을 요구하고 있다.

6 공공부문

현재 국내에서는 저주파 대역(13.56MHz)을 이용하여 교통카드, 도서관 관리 등에 주로 응용해 왔다. 서울시, 경기도 등의 버스 및 지하철을 이용하는 시민들에게 13.56MHz 저주파 대역의 RFID기술이 적용된 교통카드를 천만장 이상 발급하여 현재까지 안정적으로 운영되고 있다. 서울시 은평구 도서관은 RFID 기반 도서 관리와 검색시스템을 구축하여 도서 6만권을 대상으로 한 대출/반납 업무 처리 속도를 30~40% 이상 단축하였다. 900MHz 대역의 주파수를 2004년 7월에 분배하였으며, 컨테이너 관리용 433MHz 대역의 주파수를 2004년 말에 분배를 실시하였다.

한국건설기술연구원은 도로, 교량, 터널과 같은 공공 시설물의 상태(노후화)를 미리 예측하여 문제가 발생하기 전에 합리적인 관리계획을 세우는데 있어 RFID/USN을 적용하였다(채명진, 2009). USN 인프라는 장기적인 유지관리 계획을 수립하는데 필요한 기초데이터를 생성하는데 활용된다. 연구원의 USN 자산관리 시스템에는 i) 교량 계측 자동화 시스템, ii) 도로면 위험(결빙/침수) 경보 시스템, iii) 터널 계측 시스템, iv) 사면(깍은 산) 안전 관리 시스템 등이 있다. 도로면 위험 경보 시스템의 경우, 강원도 양구 46번 국도에 태양광 에너지로 작동되는 결빙센서, 노면 온돌계/염분계를 도로에 설치하였으며, 이들 기기들이 송신하는 정보를 CDMA모듈이 받아 중앙관리센터로 보낸다. 교량 계측 자동화 시스템의 경우, 영동대교의 중앙경간부, 주탑상부, 행어케이블 등에 센서(진동, 온도 등)를 부착하여 케이블의 긴장도, 진동수 등을 측정한 후, 이를 중앙관리센터로 송신한다. 전 세계적으로 SOC 유지관리를 위한 USN의 자산관리 수요는 천문학적 금액일 것이다. 특히 많은 시설물들이 70~80년대에 구축되었기 때문에 USN을 이용한 실시간 상태 모이터링을 통하여 효율적이고 안정적인 테이터를 수집하는 일이 SOC의 안전을 확보하는 중요한 관건이다.

한국도로공사는 2007년 6월부터 10월까지 약 5개월 동안 USN 기반

도로 시설물관리 시범사업을 추진했다. 고속도로 시설물이 위치하는 거점에 센서 및 센서노드를 설치하고 이를 통해 지그비 방식의 센서 네트워크를 구축한 후 무선 중계 네트워크와 연결해 상황실 서버에서 실시간으로 센서 데이터를 모니터링하는 시스템을 구축했다. 특히, 청계터널부터 판교구간까지 도로재난 상황을 감시하기 위해 USN을 적용하고, 강우/온도/안개 센서를 설치해 도로노면의 온도/결빙 정보를 수집하고, 터널 내에는 화재감지 센서를 설치해 위험상태를 감지하고, 감지된 상황정보를 효율적으로 전달토록 했다. 아울러, 노면감지센서와 터널 감시카메라 영상정보를 활용해 특이 상황에 대한 자동인지 및 실시간 모니터링서비스를 제공하고 있다.

국토해양부는 2009년 RTLS-RFID/USN 기반으로 한 항만 터미널 운영시스템의 구축을 지원하고 있다. GCTS(Global Container Tracking System)으로 불리는 시스템은 제조업체, 운송업체(컨테이너 수송차량, 화물선), 터미널시설(컨테이너 적치장, 선적 크레인 등)을 무선으로 묶어 실시간으로 물류정보를 교환하여 수출물품은 신속하게 선적하고 수입물품은 신속하게 하역하여 화주에게 배달하는 일을 도울 수 있다. 2009년 국내에는 총 72만9천개의 컨테이너가 있는데 시범적으로 이 중 14,000대에 RFID 태그를 부착하여 900 MHz 초단파 대역으로 게이트를 통과하는 컨테이너의 정보를 읽고 있다. 화주(제조업체)가 선적을 요청하면 해당 화물을 상차하면서 컨테이너에 부착된 태그 정보가 등록된다. 그 후 이 컨테이너가 고속도로 톨게이트를 통과할 때 그리고 컨테이너 터미널의 게이트를 통과할 때마다 운송과정이 모두 추적된다. 리더기는 차량용, 컨테이너용 태그를 읽은 다음 RFID기반 게이트운영서버를 통하여 반출입 차량과 컨테이너 정보 그리고 장치(위치)정보를 업데이트한다. <그림 8-3>은 컨테이너가 출입하는 항만 출입구에 설치된 리더기와 관련 장치의 구성도를 보여주고 있다.

현재 국산 리더기는 15미터 이내에는 인식률이 좋으나 20미터가 넘어가면 인식률이 떨어지는 한계를 보인다. 이를 보완하기 위해 GPS를 사용하고 있다. 향후, 넓은 야적장에 있는 컨테이너가 화물선에 선적될 때까지의 과정까지 추적 · 관리되기 위해서는 900 MHz의 주파수로는 인식거리에 한계가 있다. 따라서 433.92MHz 정도의 태그가 컨테이너에 장착되어야 100m 정도 떨어져 있는 물체를 인식할 수 있다.

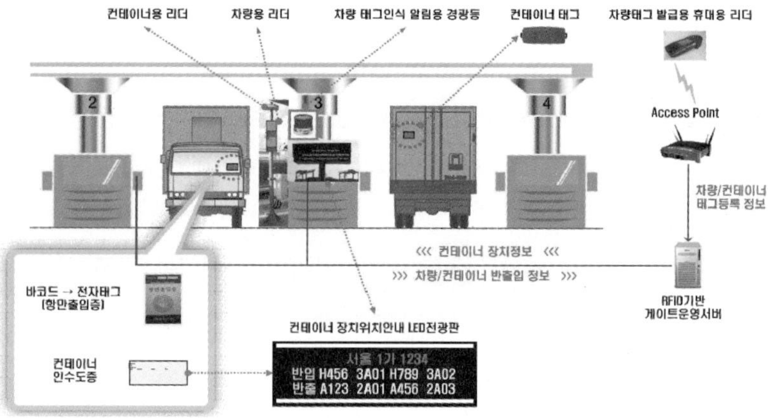

그림 8-3 항만 출입구 컨테이너용 리더기 등 관련 장치 구성도

출처 : 이두원 ((주) KPC), "미국 컨테이너 보안정책 추진현황 및 대응방안," 경남지역 RFID/USN 기술동향과 도입성공사례세미나, 2008년 6월.

미국의 경우, RFID의 도입이 다소 지연되고 있다. 2003년 및 2004년 상반기에 월마트가 협력업체를 대상으로 RFID 적용을 확대할 예정이었기 때문에 RFID의 현실적 적용이 임박한 것으로 예상하였으나 실제로 이러한 요구에 응할 수 있는 기업은 30%에 지나지 않으며, 미 국방부도 2005년 1월 이후 납품되는 모든 물품에 RFID 태그의 부착을 의무화하였으나 실제 60% 이상의 기업들이 RFID 적용 계획이 없는 것으로 나타났다. 도입지연의 가장 큰 이유는 첫째 제품추적 태그가 개인정보추적에 악용될 가능성이 높기 때문이며, 둘째 현재 1센트 수준인 바코드를 대체하기 위해서는 전자태그 가격이 여전히 고가라는 점이다.

미국의 국토보안부는 9.11테러 이후 전 세계 주요 무역국들과 협조하여 테러 대응능력을 높이고 보안을 강화를 위해 육상, 해운, 항공물류를 대상으로 RFID기술을 적용하고 있다. 2003년 미국 관세청은 주요 무역 파트너들이 '스마트 컨테이너 시스템' 기술을 도입해 줄 것을 요청하고 있다. 즉 미국으로 반입되는 모든 컨테이너 화물은 적재된 화물정보를 담은 RFID 태그의 부착을 의무화하여 하역 시 미국이 보유하고 있는 수입예정물품의 DB와 대조하여 문제가 없는 컨테이너만 반입될 수 있도록 시스템화하고 있다. 이러한 조치는 처음에 해외 수출업체에게 큰 부담으로 작용할 수 있지만 국토보안부의 기술적 요구사항을 잘 준수만 하면 이전과 비교할 수 없는 신속한 통관서비스를 받을 수 있다. 장난감 메이커인 하스브로(Hasbro)는 RFID 시스템을 통해 과거 보다 문서량을 99% 감소시킬 수 있었으며, 보다 빠른 통관 업무처리를 할 수 있었다. 예를 들면, 2001년 2,800회의 통관수속 중 검열을 받은 회수가 211번 이었으나 2003년에는 4,100회의 통관수속 중 검열을 받은 회수는 45회로 현저하게 감소하였다(Gooley, 2005).

심층 사례 1 이마트(E-Mart)

개요

이마트는 2008년 9월부터 2010년 8월까지 2단계에 걸쳐 납품업체, 이마트, 고객을 잇는 공급망에 단품 수준의 RFID 시스템의 도입을 추진하고 있다. 지식경제부는 이마트가 가진 파급효과가 매우 크다는 판단 하에 이 사업을 지원하고 있다. 이마트는 2009년 현재 국내에 119개의 점포를 가지고 있으며, 약 3천여 납품업체와 관계를 맺고 있는 국내 최대 할인점이다. 첫 해 프로젝트에는 이마트 2곳(성수점, 월계점), 소형가전 제조업체 7곳, 신발 제조업체 5곳, 여주 배송센터 1곳이 참여하였다.

SCM 프로세스

제조업체들은 상품정보가 입력된 태그를 개별 품목에 부착한다. 이를 출하할 때는 포터블 RFID 리더기가 태그 정보를 읽는다. 리더기는 읽혀진 상품의 개수와 배달계획 수량을 비교하여 문제가 없는 지를 확인한 후, 최종 출하품목 리스트를 완성하여 서버에 저장한다. 현재, 상품의 70%가 RFID 태그로 30%가 바코드로 관리되고 있다.

출하된 상품이 여주 배송센터에 도착한 후 RFID Gate를 통과하면서 배달품목 리스트와 카운터 된 품목과 수량을 자동으로 비교한 후 문제가 없을 시 입고된다. 출고(상차)할 때 역시 RFID Gate를 통과하면서 주문정보와 출고정보를 비교한 후 최종 출하품목 리스트가 서버에 기록된다.

이마트 점포에 도착한 상품은 RFID Gate를 거치면서 입점 상품들의 정보가 모두 자동으로 기록되어 재고관리시스템, 제조업체 그리고 고객이 공유하게 된다. 점포에서는 태그가 부착된 상품이 판촉을 위해 영업사원과 고객을 위해 다양하게 활용되고 있다. 예를 들면, 고객이 태그 리더기가 내장된 키오스크 앞에서 특정 신발을 발에 착용하면 해당 상품의 자세한 정보가 디스플레이 되며, 영업사원이 이 키오스크를 이용하여 제품 및 재고정보 등을 얻을 수 있다.

이마트가 1단계 사업기간에 RFID 시스템의 도입으로 얻게 된 효과는 <표 8-3>과 같다.

표 8-3 RFID 시스템의 도입 효과

<table>
<tr><th>참여 업체</th><th>프로세스</th><th>개선 사항</th><th>비고</th></tr>
<tr><td rowspan="2">제조업체
(공급업체)</td><td>선적</td><td>신발: 1시간 → 30분
전자기기: 1시간 → 10분</td><td>○ RFID 배치 처리</td></tr>
<tr><td>배송센터로 도착</td><td>4.5시간 → 12분</td><td>○ RFID 배치 처리</td></tr>
<tr><td rowspan="2">배송센터</td><td>배송센터내 입고</td><td>30분 → 36초</td><td>○ RFID 게이트를 이용 부족품목 자동확인</td></tr>
<tr><td>SCM 거래 정보 검색</td><td>배달누락 사전 방지</td><td>○ 상차 및 입고 리스트 동시에 확인</td></tr>
<tr><td rowspan="3">점포</td><td>점포로의 입하</td><td>30분 → 2분</td><td>○ 주문 및 배달품목 자동확인 및 집계</td></tr>
<tr><td>재고조사</td><td>신발: 3시간 → 30분
전자기기: 2시간 → 20분</td><td>○ 신발: 년간 25회
○ 전자기기: 년간 50회</td></tr>
<tr><td>고객대기 시간</td><td>실시간 재고조회</td><td>○ 현장에서 실시간 재고조회</td></tr>
</table>

2010년에는 현재 부분적으로 적용하고 있는 구두와 소형가전 모두 100% RFID 관리를 적용할 예정이며, 여행가방, 아동화에도 확대할 예정이다. 2010~2012년에 이르러서는 식음료에도 확대함은 물론, 5분 단위로 매장의 재고정보를 제조업체(공급업체)와 공유함으로써 보다 긴밀한 SCM을 추구할 예정이다.

현재 구두에 부착하고 있는 RFID 태그는 개당 850원이어서 적지 않은 부담이 되고 있지만 2012년에는 태그의 단가가 더욱 떨어질 것으로 예상하고 RFID 프로젝트를 기획하고 있다. 현재 사용하는 태그는 단일 용도여서 활용도가 떨어지므로 2개 이상의 용도로 활용될 수 있는 멀티 태그의 개발이 필요하다. 2009년에 총 12억원 정도가 투자되어 년 간 5천만 원 정도 경비절약을 하고 있으므로 매출이 좀 더 올라야 소기의 ROI를 얻을 수 있다.

심층 사례 2 제일모직

2005년 제일모직의 정보전략팀은 문정동 빈폴 상설 매장에 RFID 기술을 처음 도입했다. 재고관리의 효율성을 높이기 위해 RFID가 가진 가능성을 제대로 시험하기 위한 것이었다. 이 매장에는 전국 빈폴 매장의 이월 재고가 모두 모이는 곳이다. 12톤 트럭 2대가 한 번에 들여오는 방대한 재고량에 제품 가짓수는 무려 340여 종류에 달하였다. 삼성SDS와 함께 7개월간 애써 구축한 RFID 시스템의 인식률은 매우 실망스런 70% 수준이었다. 매장 내 금속 성분이 태그 인식률을 떨어뜨린다는 판단에서 모든 철재 구조물을 제거하였다. 선반은 플라스틱으로, 카운터는 목재로 바꾸었더니 인식률이 점차 높아지기 시작했다. 행거에도 리더기를 달아 제품이 빠져나가면 자동으로 시스템에 정보가 전달되도록 하였으며, 키오스크 옆에서 상품을 들고 서기만 해도 상세 스펙, 세탁법, 색상에 재고 위치까지 보여줄 수 있도록 하였다. 재고관리가 점차 쉬어지고 데이터의 정확성도 100%에 가까워지면서 서비스 수준도 높아져 이 매장은 2년이 지난 2007년 무렵 RFID의 '성지'가 됐다.

문정동 매장의 성공적 정착으로 제일모직은 RFID의 효과에 대한 확신을 가질 수 있었다. 이후 물류센터에서 태그를 일률적으로 붙여야 하기 때문에 매장 단위가 아닌 브랜드 단위로 태그 부착을 확대 적용하기 시작하였다. 이미 매장이 즐비한 기존 브랜드에 적용할 경우 수백억원에 이르는 투자비가 부담이 되어 새로 시작하는 브랜드에 RFID를 점진적으로 적용한다는 정책이 수립되었다. 그래서 2007년부터 모든 '10꼬르소꼬모' 매장에 RFID기술을 적용하기 시작하였다. 2009년 5월, 2개 매장에 RFID시스템이 도입되었다. 그러나 넘어야 할 산이 많았다. '10꼬르소꼬모'에는 옷뿐만 아니라 액세서리, 구두, 화장품, 향수, 책, CD 등 다양한 품목들이 있었다. 그런데 기존처럼 의류에 적용했던 태그를 부착하였더니 애써 높인 인식률이 무용지물이 되었다. 원인을 분석한 후 RFID 태그를 세 종류로 새롭게 개조하여 문제를 해결하였다. 의류용 일반 태그, 책과 CD용 '스틱형' 태그, 화장품과 향수용 '플래그형' 등이 그것이다. 또 리더기를 일체화하여 태그 발급과 동시에 태그를 인식하여 내용을 정보화할 수 있는 태그 발행기를 개발하였으며, 인식이 가장 잘 되는 태그 위치를 연구하여 태그 부착 위치를 표준화한 매뉴얼도 만들었다. 이러한 노력의 결과로 매장 내 태그 인식률은 95%를 넘었으며, 인건비가 절감되고 서비스 수준도 높아졌다.

제일모직은 2006년부터 2007년까지 전사적자원관리(ERP)시스템을 대대적으로 재구축하면서 이를 RFID 시스템과 연계하였다. 간단히 하드웨어를 추가함으로써 RFID로 운영되는 매장을 쉽게 확대할 수 있도록 하기 위해서였다. 2009년 제일모직은 글로벌 공급망관리

(SCM) 관점에서 사내 전체 프로세스를 최적화하고 업체간 협업 체계를 구축하여 업체 간 시스템 동기화 작업을 진행할 계획이다. 이러한 계획에 걸림돌이 되는 것은 생산 공장의 주문업체별 코드 체계가 달라 데이터의 표준화가 미흡한 점이다. 따라서 생산 공장의 시스템화 및 유통 업체와의 거래정보 호환을 위한 패션 및 유통 산업의 표준 코드의 제정이 매우 시급하다. 제일모직은 이를 위해 ERP 시스템에 자체 기준코드와 EPC 글로벌 표준코드를 1:1로 매칭하여 관리하고 있다. 이를 통해 생산업체 혹은 백화점에서 시스템 자동화를 위한 데이터 요청시에도 EPC 글로벌 코드로 제공이 가능하다는 설명이다.

RFID 기술을 더욱 확산되기 위해서는 검수대를 통해 수작업으로 메워야 하는 5%의 오인율과 아직 높다고 볼 수 있는 태그 가격이다. 정보전략팀은 현재 기술의 발전 속도로 볼 때 향후 1～2년 내 인식률은 상용화 수준에 도달할 것이며 가격도 경제성을 가질 정도로 하락할 것으로 보고 있다. 제일모직의 다음 목표는 의류의 라벨에 RFID 태그를 인쇄하여 이를 활용하는 일이다. 이를 통해 생산 진척 현황은 물론 입고처리 자동화에 이르기까지 생산, 물류, 유통 전 프로세스를 효율적으로 관리하겠다는 장기 계획을 수립하고 있다.

심층 사례 3 스쿨룩스(SKOOLOOKS)[17)]

개요

(주) 스쿨룩스는 2004년에 설립된 교복 제조업체이다. 의류 단품에 RFID기술을 접목하는 일은 쉽지 않지만 수많은 종류의 교복이 단기간에 집중적으로 소비되기 때문에 기술 도입 효과는 매우 클 것으로 예측된다. 국내에는 총 5,000 여 중고등학교가 있으며 각 학교마다 4~5종류의 디자인이 있어 총 2만 종류가 넘은 다양한 디자인의 교복을 선보이고 있으며, 사용되는 원단의 종류도 3천 종류가 넘는다. 판매의 80%는 중고등학교의 입학 시즌인 2월에 집중하여 발생하고 있으며 그 중에 학부모가 여유 시간이 있는 주말에 구매활동이 일어나기 때문에 2월 중 10일 정도 구매가 집중적으로 발생하는 특성이 있다.

이런 특성 때문에 실제 생산현장에서는 한 라인에서도 수백 개 모델의 교복들이 생산되고, 생산 도중에서 빈번한 디자인변경이 발생하고 있다. 특정 대리점에서 일부 학교나 디자인의 교복의 재고가 부족하면 다른 인근 대리점으로부터 물건을 빌려와야 하는 일도 빈번하게 발생하고 있다. 상품도용 사례도 빈번하여 교복의 정품인증도 필요하다.

스쿨룩스는 원・부자재 공급업체, 창고, 봉제업체, 대리점을 RFID/USN 시스템으로 묶어 자재 및 제품정보를 공유할 뿐만 아니라, RFID기반 정품인증시스템을 포함한 e-SCM의 구축을 시도하였다.

---

17) Choi, S. H., "Cooperative u-SCM and Brand Authentication System," 2009 RFID/USN Korea International Conference, 33-43.

SCM 프로세스

스쿨룩스는 공급업체들로부터 받은 원·부자재를 입고하면서 필요에 따라 rolling/cutting한 후 포장을 한 다음에 RFID 태그를 부착하여 자사 창고에 보관한다. 이를 수작업으로 할 때는 실수가 빈번하게 발생하였으며, 기존의 바코드 시스템으로는 한번 커팅을 한 후 남은 원단에 대한 정보가 소멸되는 문제가 있어 정보 활용에 한계가 있었다.

부자재는 공동부자재와 특별부자재(학교마크, 단추 등)가 있다. 부자재는 종류가 매우 다양해서 바코드를 이용하여 개별적으로 관리하기 힘들 뿐만 아니라 필요한 부자재를 즉시 찾기도 힘든 한계가 있었다. 이런 부자재들은 생산되자마자 포장을 한 다음 바로 RFID 태그를 부착한 후 선적하도록 하였다. 이 때 사용한 태그는 재사용이 가능한 것이었다.

모든 원·부자재는 일단 스쿨룩스의 창고에 하차된 후 적절한 위치에 보관된다. 이때 재고관리시스템에는 해당 자재가 적재된 위치까지 기억된다. 원단의 일부가 사용되고 남은 것도 RFID 태그로 관리된다. 같은 색상이라 하더라도 같은 롤에서 나온 것이 아니면 미세한 차이가 있기 때문에 롤 단위까지 관리하지 않을 경우 같은 교복의 상하의의 색상이 달라질 수 있다. 그리고 바코드 시스템 아래에서의 월별 재고 확인절차는 매우 비효율적이었지만 RFID기술의 도입 후 빨라졌으며, 잘못된 자재가 출고되는 횟수도 현격하게 감소되었다.

생산현장에서 직원이 받는 작업지시서에도 RFID 태그가 부착되어 있으며, 태그에는 가공상태 정보(cutting, sewing 등)가 저장되며 이는 회사의 ERP시스템에 전달된다. 생산현장에는 이를 확인하는 지점이 4곳이다. 완제품은 태그가 부착되며, 포장된 후 포터블 리더기를 통과하면서 배송 준비가 된다. 이때 출하품목 리스트가 출력된다.

대리점에서 RFID 태그가 부착된 의류는 관리하기가 쉽다. RFID 기반 판매관리시스템을 통해 팔린 제품의 정보가 즉각 수집되어 경영관리와 마케팅계획을 위해 신속하게 활용될 수 있다. 반품되는 제품에는 새로운 태그가 부착되면 이를 통해 축적되는 정보는 A/S분석 시스템에 의해 분석되어 고객 불만족 요인을 파악하는데 활용된다. 물론 정기적인 재고조사도 짧은 시간 내에 끝낼 수 있다.

브랜드 인증 시스템(Brand Authentication System)은 RFID시스템을 이용한 부가적인 서비스로 제품에 대한 신뢰도를 높이는데 기여할 수 있었다. 고객은 대리점에서 구입하려는 제품이 스쿨룩스의 정품임은 RFID 리더기를 통해 확인할 수 있으며, 자신의 PC에서 인터넷 웹사이트를 통해 확인할 수도 있다.

프로젝트 추진자는 현재 총 생산비의 0.6%에 해당되는 RFID 태그 가격이 아직 비싸다며 적어도 0.3%까지 다운되어야 할 필요성을 제기하였으며, 정품태그는 세탁을 하고나면 재사용이 불가능하다는 점도 문제점으로 제시하였다. 한편 대리점이 아닌 백화점의 경우 의류에 사용하는 코드체계가 다르고 리더기가 없어 온전한 e-SCM의 목적을 달성할 수 없었다.

심층 사례 4 킴블리 클라크(Kimberly-Clark)

건강 및 위생용품 분야의 세계적인 기업인 킴벌리-클라크(Kimberly-Clark)는 130년의 역사를 지닌 미국 기업이다. K-C는 매달 월마트와 Depend 및 Poise 위생 용품에 대한 정기적인 프로모션을 진행하고 있다. K-C는 팔레트 사이즈의 판촉용 디스플레이를 공급하고 있는데, 이러한 디스플레이는 매장에서 가장 손님이 많이 붐비는 곳에 위치한다. K-C는 이러한 판촉 행사를 지속적으로 추적하고 그 성과를 측정하는 것은 물론 전체 공급망의 문제점을 바로잡기 위해 RFID 기술을 적극 활용하였다.

제품 프로모션(판촉)은 패키지형 상품 업체 대부분 특히, 미국 기업들에게 매우 거대한 이벤트이다. 많은 경우에 프리미엄급 매장이나 진열 공간 확보에 상당수의 예산이 투입되며 광고비도 높게 책정되고 디스플레이가 제대로 이루어지는지, 상품 제조비용과의 연관성을 파악하기 위해 비용을 지출한다. 이 디스플레이가 광고시점에 맞추어 시의 적절하게 이루어지지 못하면 잠재적인 영업 기회를 놓쳐버리기 때문이다.

성과측정 문제

K-C의 영업팀은 월마트와 같은 주요 고객기업의 구매팀과 함께 각 프로모션의 상세한 내용을 협의해왔다. 이들은 어떤 매장이 어떤 판촉활동에 참가할지, 판촉용 디스플레이는 매장의 어디에 언제 설치할지 등을 논의하였다. 하지만 K-C와 고객기업의 점장들은 판촉용 디스플레이가 적절하게 이루어지고 판매에 효과적으로 연결되는지를 추적하기가 어려웠다. 판촉용 디스플레이의 성과를 확인하기 위해서는 POS(point-of-sale)가 생성하는 데이터나 물리적인 검사에 의존하였다. K-C는 디스플레이된 상품이 어느 정도 구매되고 있는지를 확인하기 위해 각 매장에서 크로스마크(Crossmark)라 불리는 유통 비즈니스 서비스를 이용하여 임의로 검사를 수행하였다. 크로스마크가 매장 내 디스플레이를 발견하지 못하면 매장에 디스플레이를 요청한다. 그러나 이 방법을 모든 매장에 실시하기란 불가능하였다. 그래서 모든 매장에 대한 물리적인 검사를 할 경우 비용이 많이 소요되었으며, POS 데이터도 판촉용 디스플레이 제품과 일반 판매대에서 팔린 제품을 구별할 수 없어 판촉활동의 성과를 측정할

수 없었다. 아울러 매장 내에서는 일반적으로 바코드를 사용해 상품을 확인하는데 대부분의 공급업체와 데이터 포맷을 공유하지 않고 있기 때문에 제조업체들은 판촉용 디스플레이를 통해 어느 정도나 판매가 이루어졌는지 파악하기 어려웠다.

제품식별번호의 표준화

2005년에 K-C는 포장업체와 디스플레이 포장업체를 대상으로 EPCglobal의 전자상품코드(EPC) 표준을 토대로 한 태그 부착 파일럿 프로젝트를 진행하였다. 하지만 태그가 부착된 디스플레이 제품의 일부에는 유통업체가 공급하는 데이터가 나타나지 않았다. 이는 디스플레이 제품에 부착된 태그가 RFID 리더기의 리딩 없이 상점으로 바로 발송되었기 때문이었다. 그래서 K-C는 RFID가 구현된 물류창고로 판촉용 디스플레이 제품이 경유하도록 함으로써 이 문제를 해결하였다. 물류창고에서 RFID 태그가 부착되어 유통업체로 발송되는 경로를 추적할 수 있게 되었다.

K-C는 RFID 태그 부착 인프라를 보유하고 있지 않는 설비에서도 디스플레이나 팔레트, 케이스 상품에 태그를 부착해야 하는 문제를 해결해야 했다. 고안된 '서류 가방 속의 RIFD 솔루션(RFID-in-a-briefcase solution)'은 인터넷 접속이 어려우며 무선랜도 없고 전원공급원도 없는 곳에서도 작동이 가능한 솔루션인데 이를 위해 디바이스와 소프트웨어를 수정해야 하였다. 노트북과 소형 EPC 태그가 인코딩된 RFID 프린터, 태그를 판독하고 적절한 EPC가 디스플레이에 적용되었는지를 확인하는 휴대용 RFID 리더기, USB 포트에 삽입된 무선 액세스 모뎀이 그 해결책이 되었다.

솔루션

킴벌리-클라크(K-C)는 RFID가 매장에서의 판촉용 디스플레이의 집행과정을 향상시킬 수 있는지 알아보기 위해 OATSystems와 협력해 Depend와 Poise의 위생 용품의 판촉용 디스플레이의 추적 및 관리를 위한 파일럿 프로그램을 월마트 매장에서 수행하였다.

K-C가 유통업체로부터 판촉용 디스플레이를 위한 RFID 라벨에 대한 요청사항을 받으면 K-C의 레거시 시스템은 이 요청을 OATSystems의 Axiom 소프트웨어로 자동적으로 전송한다. K-C가 노트북에 Xpress를 탑재했기 때문에 EPC 관련 요청 사항 역시 노트북으로 자동 전송되어 태그에 해당 정보가 인코딩된다. 각 노트북은 디스플레이가 이루어진 장소에 제공되며 유통업체의 주문과 관련한 모든 내용이 노트북으로 다운로드된다. 판촉 장소에 파견된 직원은 Xpress 소프트웨어가 탑재된 노트북을 이용하여 판촉용 디스플레이에 관한 사항을 모두 볼 수 있으며 RFID 태그 인코더를 이용하여 태그를 생성한 후 판촉용 디스플레이에 태그를 부착할 수 있다 (아래 사진 참조).

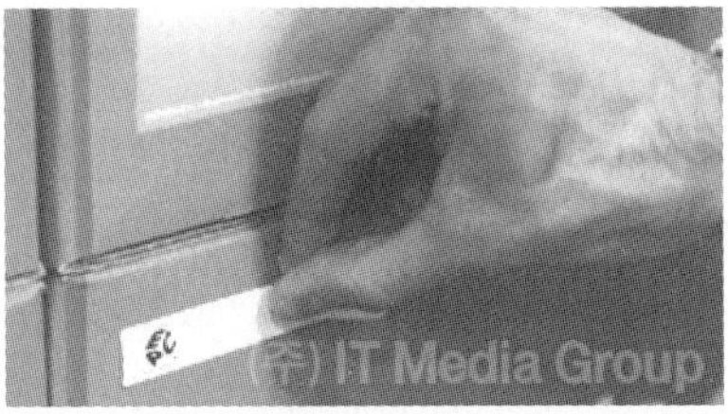

• 오른쪽 : 착용이 가능한 RFID 태그 인코더
• 왼 쪽 : 생성된 태그를 디스플레이에 부착하는 모습

출처 : "킴벌리-클라크, RFID 선도 기업으로 부상", www.rfidjournalkorea.com, 2007년 7월 3일.

유통업체는 판촉용 디스플레이를 받아 착용 가능한 휴대용 단말기를 이용하여 해당 태그를 읽은 다음에 AS2 데이터를 통해 다시 이 정보를 K-C로 보낸다. K-C는 Axiom을 이용하여 데이터를 분석할 수 있으며, 어떤 매장에 몇 개의 태그가 부착된 디스플레이가 공급되었는지를 즉각 알 수 있다. 판촉용 디스플레이에 있는 제품과 판매대에 있는 제품이 동일한 UPC를 갖고 있기 때문에 POS가 제공하는 데이터는 그 둘을 구별할 수 없었지만 Axiom 리포트는 구별을 가능하여 판촉 활동의 성과의 집계가 가능하다. 그 결과 매장의 프로모션 진행이 50%~75%나 향상될 수 있었다.

데이터의 활용

K-C는 유통업체로부터 받은 RFID 데이터를 분석하는데 필요한 효과적인 프로세스나 확실한 데이터 분석 소프트웨어가 없었다. 매장으로부터 수집된 데이터를 MS 액셀로 저장한 다음 자체적으로 분석을 진행하였지만 10~15개의 매장으로부터 전송된 데이터가 쌓이게 되면 처리 및 관리하기가 거의 불가능할 지경이었다. K-C는 이 문제를 소프트웨어 개발업체인 OATSystems를 통해 해결하였다. OATSystems는 RFID 데이터를 비즈니스적인 가치로 전환해주는 애플리케이션을 제공해주어 K-C가 직접 데이터를 가공해야 하는 수고를 덜 수 있었다.

K-C가 RFID 기술을 판촉활동과 재고관리에 성공적으로 도입할 수 있었던 것은 K-C가 생산하는 대다수의 제품이 펄프 관련 제품이어서 태그 인식률이 95% 이상일 정도로 태그 인식에 문제가 없었기 때문이었다. 향후 K-C는 자사 제품을 운송하는 500~700대에 이르는 트레일러의 위치를 추적하고 관리하는데 RFID기술을 도입할 계획이다.

자료원 : Wailgum, T. "Kimberly-Clark's Secrets to RFID Success," www.cio.com, July 2007.

심층 사례 5 월마트

미국의 월마트(Walmart)는 전 세계적으로 4,750개의 매장을 가지고 있으며 연매출 2,450억불의 초대형 유통업체이다. 월마트는 특히 RFID기술을 공급망혁신에 도입하여 물류 및 배송관리의 첨단화를 추구하는 기업으로 널리 알려져 있다.

월마트는 지난 99년에 Auto-ID Lab과 공동으로 RFID Lab을 신설하면서 RFID 도입에 대한 타당성을 검토하였으며, 2002년 1월부터 2003년 8월까지 거래처 기업의 하나인 화장지회사(International Paper 사)와 RFID물류관리 시스템의 필드테스터를 거쳤다. 이어 2003년 8월에는 P&G, 코카콜라, Unilever, Kraft, Johnson & Johnson, Gillette (질레트)와 같은 대형 거래처와 2차 본 사업을 시행하였다. 그 후 2005년 1월을 기점으로 월마트는 거래처 상위 137개사에게 케이스, 팔레트 단위로 RFID부착을 의무화하고 적어도 2006년까지는 모든 거래업체에게 RFID부착을 의무화하도록 하고 있다. 그 결과 RFID 태그를 부착하여 납품하는 업체는 2007년 1,000개이고 미국 내 점포수는 3,900개에 이를 것으로 예상된다. 월마트는 아울러 상위 100개 공급자들과 RFID관련 시스템을 통합하여 거래 및 재고정보를 공유할 수 있게 되었다. 월마트는 향후 1세대 칩(Gen1)을 2세대 칩(Gen2)으로 완전 교체하고 Gen2 전용 인프라까지 구축할 예정이다. 한편 월마트가 소유하고 있는 창고형 마트인 샘스 클럽(Sam's Club)도 2010년 10월까지 모든 납품 업체들에게 태그 부착을 의무화한다고 발표했다. 월마트의 RFID물류관리 도입의 일정을 요약하면 <표 8-4>와 같다.

표 8-4 월마트 RFID물류관리 도입사업 일정

사업 단계	내 용
연구단계(1999)	- Auto-ID Lab과 공동으로 RFID Lab을 신설 - RFID의 물류관리 적용에 대한 타당성을 검토
시범사업 1단계(2002.1)	- 화장지회사(International Paper사)와 RFID물류관리 시스템의 필드테스트를 거침
본 사업 1단계(2004.4)	- 텍사스 1개 DC, 8개 매장, Tagging and Reading
본 사업 2단계(2005.1)	- 달라스 3개 DC, 140개 매장(샘스클럽 36개, 월마트 104개) - P&G, 코카콜라, Unilever, Kraft, Johnson & Johnson, Gillette 등 57개 협력업체 참여
사업 확대(2006.1)	- 12개 DC, 600개 매장, 200개 협력업체 참여

월마트가 각 거래처에 부착하기를 요구하는 RFID시스템의 사양은 <표 8-5>와 같이 요약될 수 있다. 태그의 인식률을 보면, 케이스 레벨에서의 인식률은 90% 이상, 물류집하장 컨베이어 벨트 위에서는 95% 이상, 각 점포단위에서는 98%이상의 인식률을 보였다. 그러나 개별 상품단위의 RFID 인식률은 66%에 머무르고 있어 RFID의 부착 장소 및 방향에 대한 보완 노력이 필요하였다.

표 8-5 RFID시스템 사양

구 분	내 용
표준	- EPC Generation I, Class 0, 1, UHF(868～956MHz) - 향후 EPC Generation II가 확정되면 점차 업그레이드 할 계획
태그 레벨	- 팔레트, 케이스 레벨까지, 향후 개별 품목 레벨로 확대
인식 조건	- 리더기로부터 10feet(약 3미터) 거리에서 최소 75% 인식률 요구됨 - 향후에는 인식률 100% 요구
인식 속도	- 각 케이스간 거리가 6인치일 경우 최소 600feet를 1분에 인식할 것

자료 : Matrics, 하나금융경영연구소

월마트가 이렇게 RFID 기술 도입을 선도하는 이유 중에 하나는 재고품절과 도난으로 인한 막대한 손실 때문이라 할 수 있다. 2002년 기준, 전 세계적으로 품절률은 8.3%에 이르며 미국은 7.9%여서 만일 월마트가 이 품절률만 개선하더라도 년간 120억 달러의 추가 이익을 얻을 수 있었던 것이다.

2005년 초, 월마트는 2만4천여 개의 팔레트와 66만여 개의 포장단위에 RFID 태그를 부착하여 500만 건 이상의 정보를 수집하였고 여기서 획득된 정보는 30분 이내에 내 · 외부 네트워크를 통하여 거래처 및 협력업체와 공유할 수 있었다. 그렇다면 여성용 면도날을 공급하는 질레트사와의 협력 과정의 기술적 측면을 살펴보자. 월마트는 질레트사로부터 태그가 부착된 팔레트(제품이 적재됨)를 받는다. 월마트는 물류창고에 입고하기 전에 팔레트에 부착된 EPC를 이용하여 부가정보를 얻기 위한 질의를 EPCglobal 네트워크를 통하여 하게 된다. 이를 위해 월마트는 자사의 로컬 ONS(Object Naming Service)를 통하여 해당 EPC에 대한 질레트사의 EPCIS(Electronic Product Code Information Service) 주소를 Discovery Service로부터 얻는다. 이 주소를 통하여 질레트사의 EPCIS에 추가 정보(Life Cycle, 유통기간 등)를 요청한다. 질레트사는 월마트의 요청에 대해 인증을 통하여 추가 정보를 제공하거나 거부하는 등의 적절한 행동을 취하게 된다.

신선도가 문제가 되는 제품을 공급하는 일부 식료품 제조업체들은 어떤 제품이 제일 먼저 입고되었는지 확인하여 그 제품이 가장 먼저 팔리도록 하는데 RFID 데이터를 이용하고 있다. RFID 태그에는 제품이 제조업체에서 출고되는 시점, 물류 센터에 도착하는 시점, 출고된 후 판매점에 도착하는 시점들이 모두 저장되므로 판매원에게 제품 진열에 필요한 정보를 실시간으로 제공해 준다.

그 결과, RFID물류관리 시스템을 통하여 월마트는 인건비를 15% 이상 절감하였고, 품절로 인한 손실을 6억 달러 이상 줄일 수 있었으며, 도난방지, 자동스캔 구축으로 5억 달러 이상의 비용절감 효과 등 총 84억 달러의 비용을 절감할 수 있었다.

월마트가 이렇게 성공적으로 RFID기술을 물류부문에 적용할 수 있게 된 이유는 첫째, 월마트가 규모가 큰 기업이므로 거래처에 대한 강한 협상력을 가질 수 있어 거래처로 하여금 신기술을 도입하고 시스템을 통합하는데 협조를 쉽게 얻을 수 있었으며, 둘째, 월마트는 RFID기술을 물류관리에 적용하므로 재고비용의 절감, 품절의 감소와 같은 혜택을 자사와 협력업체가 공히 누릴 수 있음을 설득하였으며, 셋째, 사업의 성공에 필수적인 최신의 RFID관련 하드웨어/소프트웨어 기술을 확보하기 위해 자체적으로 노력하였을 뿐만 아니라 RFID관련 업체들과 적극적으로 협력하였기 때문이다.

월마트의 RFID물류관리 시스템의 특징, 현황, 성과를 요약하면 <그림 8-4>와 같다. 그러나 월마트가 앞으로 판매하는 모든 물품에 RFID 태그를 부착할 경우에 이를 구입한 소비자의 성향이나 위치 같은 개인적인 정보가 공공연히 유출될 가능성이 있어 미국의 소비자단체는 개인 프라이버시 침해를 우려해 월마트의 RFID의 전면 사용을 철회할 것을 요구하고 있기도 하다.

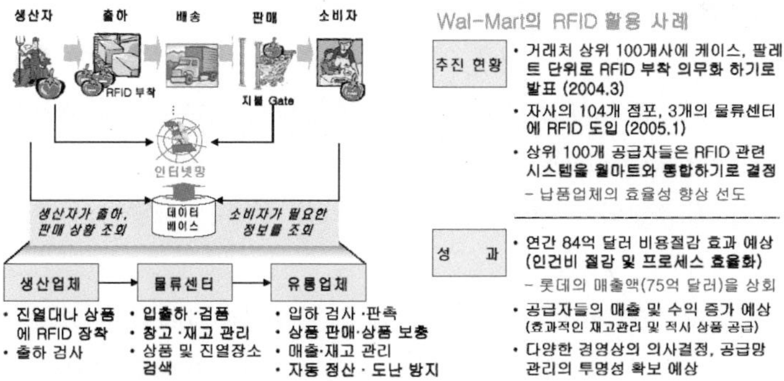

그림 8-4 월마트 RFID물류시스템의 특징, 현황 및 성과

자료원 : 박정은(2006) p. 11.

심층 사례 6 미국 국방부

1991년 미군은 걸프전에서 적군에 비해 압도적으로 불리한 환경에서도 군수물자 공급업체의 신속한 지원에 힘을 입어 승리할 수 있었다. 그러나 군수품을 주문하고 공급하며 재배치하는 과정에는 많은 문제점이 있었다. 당시 미군은 28,000개 이상의 선적 컨테이너의 내용물을 확인할 수 없어 모두 풀어 놓은 후 재배치해야 하였으며, 잉여 군수품의 위치와 양을 추적할 수 없어서 보급을 요청하는 부대에 신속하게 군수품을 공급할 수 없었다. 이는 모든 군수품을 통합관리 할 수 있는 시스템과 추적 시스템이 없었기 때문이었다.

이 후 국방부는 구매, 기술 및 병참을 담당하는 국방부 차관급 자리를 군수물품 공급업무를 총괄하는 병참 사령관으로 격상시킨 후 국방물류 및 글로벌 공급망 시스템(Defense Logistics and Global Supply Chain Management System)의 구축에 박차를 가하였다.

2005년 2월, 군 관계자 및 군수물자 공급자 대표 천여 명이 워싱턴에 모여 국방부의 RFID 활용 전략을 논의하기 위한 3차 총회를 개최하였다. 군사 목적에 적합한 RFID 기술 이용에 대한 공약과 요구사항을 토론하였으며, 모든 군수물품의 수송은 펜실바니아주의 서스퀘한나(Susquehanna)와 캘리포니아주의 샌와킨(San Joacquin)에 있는 물류센터를 중심으로 이루어져야 한다는 국방부의 주장도 제기되었다.

그 후 2006년 1월까지 버지니아주 노폭(Norfork)에 있는 병참과 해군 비행기지의 항공터미널을 포함한 32개 기지와 병참에도 RFID 태그가 도입되었다. 국방부는 2007년까지 군사지역으로 군수물자를 납품하는 기업들은 RFID 태그 부착을 의무화하였으며, 2010년까지는 대규모 병참기지로 선적되는 모든 팔레트와 케이스에는 수동형 RFID 태그 부착을 의무화하였다. 미 국방부는 초기에는 납품 단가가 높은 군수물품을 공급하는 업자에게 RFID 태그 부착에 드는 비용을 포함한 견적서를 받아 계약하였으며, 리더기 구입과 같은 기초적인 RFID 인프라에 대한 투자는 공급업체가 수행하였다(Violino, 2005).

RFID 기술에 대한 미 국방부의 노력은 결실을 보기 시작하였다. 장기간 수행 중인 아프가니스탄 전쟁에서 반입되는 군수품을 상자에서 꺼내지 않고서도 내용물을 알 수 있는 가시성을 확보할 수 있어 군수품 재고관리 전반에 가시성을 높여 기지별 요청에 신속하게 대응할 수 있었다. 고유식별코드(UID: Unique Identification)가 부여되는 모든 군수품목에 RFID 태그가 부착됨에 따라 물품의 제조에서 중앙물류기지 그리고 군사작전지에 수송될 때까지 물품의 흐름에 따라 태그 정보가 갱신되므로 언제나 추적이 가능하여 손실물품이 최소화될 수 있었다. 따라서 전투 시에 최우선으로 필요한 물품, 특히 중요하게 취급해야 하는 물품에 대한 정보가 명확하여 물품수령, 방출, 저장, 포장, 적재, 하역, 재고관리를 보다 효율적으로 할 수 있었다.

기술 실험 사례 1 보세창고 관리 실험[18)]

한국전산원은 보세창고(CFS: Container Freight Station)의 반입 · 출고 화물처리 프로세스에 UHF 대역의 RFID 기술을 적용한 실험을

18) 유승화, 유비쿼터스 사회의 RFID, 전자신문사, 2005, p. 518.

2004년에 실행하였다. CFS내 화물에 부착된 RFID 태그를 이용하여 반입·출고 화물의 정보를 자동으로 인식하고 서버를 통하여 화물의 기초정보를 실시간으로 조회하여 처리함으로써 창고 내 화물관리의 효율성을 제고하기 위한 목적으로 실시된 실험이었다.

응용서비스에는 반입·출고 관리, 위치관리, 화물정보 조회, PDA를 이용한 위치관리 등이 포함되었다.

1) 실험에 사용된 태그, 리더기 및 안테나의 특징

사용한 태그의 주파수 대역은 902～928MHz로써 유통관리, 공급망관리 등에 적합한 극초단파 대역이었으며, 판독거리는 15피트(약 50m), 크기는 4″× 4″(가로·세로 약 1.6cm), Read-only 타입이였다. 사용한 리더기의 제품명은 Stationary Reader(PN: RDR-110)이었으며, 태그판독속도는 최대 1,000tag/sec 최소 200tag/sec였다. 안테나는 General Purpose Antenna(PN: ANT-001)였다.

2) 실험 환경

양산의 CFS 창고에 IPv6 네트워크를 구축하였으며, PML서버, DB 서버, 애플리케이션 서버 및 MVM을 설치하였다. PML서버는 XML을 이용하여 화물정보를 저장하고 제공하는 서버이며, MVM은 리더기에서 태그가 전송하는 정보를 수집하는 미들웨어이다.

창고 내부에는 화물의 위치 정보를 관리하기 위해 리더기 및 안테나를 설치하였으며, 창고 입구에는 반입 및 출고 관리를 위해 리더기와 안테나를 설치하였다. 직원이 PDA를 이용하여 위치조회를 할 수 있도록 무선 엑세스 포인트를 설치하였다.

테스트가 목적이기 때문에 안테나를 특정 위치에 부착하지 않고 신속하게 이동할 수 있도록 거치대를 설치하여 부착하였으며, 아울러 다양한 종류의 물품을 테스트하기 위해서 여러 가지 재질의 제품 상자를 제작하여 활용하였다. 실험을 위하여 태그를 부착한 900×300×80mm 사이즈 상자 100개, 460×230×170mm 사이즈 상자 100개 및 팔레트 3개를 준비하였다.

3) 운영 상황

화물 반입 · 출고 관리는 화물이 들어오고 나갈 때 화물 태그 정보와 팔레트 태그 정보를 매칭(matching)하여 반입 · 출고 되는 화물의 정보를 생성하고 기존의 EDI망을 통하여 정보를 레거시 시스템에 전송하여 DB에 저장한다. 화물 위치 관리란 창고로 반입된 화물의 태그 정보를 화물이 적재된 팔레트의 태그 정보와 매칭한 후 팔레트 기준으로 위치 정보를 관리한다.

4) 실험 결과

반입·출고 관리실험

안테나(샌서)의 위치 및 개수에 따른 태그 인식률을 알아보기 위해 안테나들을 i) 거치대 상단 중앙에 2개, ii) 거치대 상단 중앙 1개와 거치대 기둥 양측 2개, iii) 거치대 상단 중앙에 2개와 거치대 기둥 양측 2개에 설치하여 각기 실험한 결과, 태그인식개수의 평균값은 큰 차이가 없었으나 매 실험마다 인식률은 들쑥날쑥 큰 차이를 보여 불안전함을 보였다.

또한 팔레트에 부착되는 태그의 숫자를 20개, 30개, 40개, 50개로 늘려 가면 태그인식률을 실험한 결과 낮게는 15% 높게는 50%의 인식률을 보여 불완전한 모습을 보였다. 화물의 진행방향을 기준으로 태그가 측면(우측 또는 좌측)에 부착되었을 때가 정면에 부착되었을 때 보다 태그의 인식률이 높은 것으로 나타나 인식률을 높이기 위해서는 태그와 안테나가 정면으로 서로 바라보도록 부착하는 것이 좋은 것으로 나타났다.

태그와 안테나의 거리에 따른 태그 인식률을 실험한 결과, 게이트 위의 안테나와 태그가 가까울수록 인식률이 높아 현재로서는 3m이내가 가장 적합한 조건으로 나타났다. 안테나를 통과할 때 지게차의 속도는 5km/h 이하일 때 가장 인식률이 높았다.

위치관리 실험

안테나(센서)가 설치된 레크의 각 단에서 팔레트에 부착한 태그의 수량 변화에 따라 태그 인식률이 어떻게 달라지는 지를 실험한 결과 4개 이상을 부착하여도 100% 인식됨을 보여주었다. 아울러 안테나의 출력이 0.4W 이상이면 1단, 2단, 3단 모두 100% 인식하여 출력이 높으면 높을수록 인식률도 좋아지는 것으로 나타났다.

5) 의미와 결론

기존의 수작업으로 이루어지던 CFS 업무는 바코드의 사용으로 엄청난 프로세스 개선을 이루었다. 그러나 위치관리, 자동 반입 · 출고 관리, 보관료 계산, EDI시스템과의 연동, 실시간 화물정보 제공 등의 다양한 기능이 요구됨에 따라 바코드로는 한계를 보이기 시작하고 있다. 그런 의미에서 RFID의 등장은 CFS 업무의 효율성을 획기적으로 개선할 수 있는 좋은 기회라 할 수 있다.

그러나 현재의 RFID기술로는 케이트의 높이, 즉 안테나(센서)의 높이가 4m이상이 되면 인식률이 급격하게 떨어지는 한계가 있어 창고(게이트)의 크기(높이)에 따라 개조를 하지 않고는 적용이 힘들 수도 있으며, 태그가 부착된 상자의 수가 10개 이상이 되면 인식률이 현저하게 떨어지는 문제점을 안고 있다. 따라서 현재의 기술로는 팔레트 단위로 자동 반입 · 출고 관리를 할 수 있을 뿐이며, 박스(카톤) 단위로 관리하기 위해서는 안테나와 태그간의 인식거리 문제, 다수 태그의 충돌 문제 등이 해결되어야 할 것으로 보인다.

기술 시험 사례 2 퍼듀제약

미국의 퍼듀제약은 베타딘(Betadine)이라는 소독약과 세니코트(Senikot)라는 설사약과 같이 처방전 없이 구입 가능한 약과 처방전이 있어야 구매할 수 있는 의약품 및 마취제 등을 생산한다. 2004년 월마트가 협력업체들에게 납품하는 일부 제품에 RFID 태그를 부착할 것으로 요구하는 시점에서[19] 퍼듀제약은 월마트의 요구사항을 준수할 뿐만 아니라 RFID 기술을 옥시콘틴[20] 전 생산라인에 확대 적용하는 과감한 결정을 내렸다(Roberti, 2005).

퍼듀제약은 실제 시스템을 구축하기 전에 여러 협력업체의 도움을 받아 코네티컷주의 스탬포드(Stanford)에 소재한 생산현장과 노스케로라이나주 윌슨(Wilson)에 소재하고 있는 물류창고에서 RFID 시스템의 실현가능성을 탐지하기 위한 실험을 수행하였다.

제대로 작동하는 RFID 태그가 용기에 들어갈 병에 부착되도록 하기 위해서는 생산라인에서 리더기에 반응을 보이지 않는 병을 선별해 내는 시스템이 꼭 필요하였고 이를 고안하였다. 생산라인 마지막에 위치한 포장기계는 각 병에 100개의 알약을 정확하게 담는다. 그런 다음 병은 컨베이어 벨트를 따라 이동하면서 뚜껑이 닫히고 태그가 부착된다. 인근에 위치한 리더기가 각 병의 태그에 저장된 EPC코드를 읽어내지 못하면 기계가 강력한 바람을 불어 그 병을 생산라인에서 밀어내고, 성공적으로 읽혀진 병의 태그에는 감독자가 터치스크린 컴퓨터를 이용하여 상품정보를 입력하고 개별 식별이

19) 월마트 내에는 약국이 있으며 이들 약국에 퍼듀 제약회사는 의약품을 공급하고 있다.
20) 마약성 진통제

가능한지를 눈으로 확인한다. 그런 다음 리더기를 이용하여 각 병의 태그의 정보를 읽은 후 6개씩 압축 포장한 후 작은 용기에 담는다. 각 용기에는 6개들이 묶음이 8개 들어가므로 총 48 병이 들어가는 셈이다. 각 용기는 보호 테이프로 봉해지고 또 다른 리더기가 용기 48 병의 태그를 읽어 일련번호와 비교해서 중복되는 번호가 없는지를 확인한다. 이어 100개의 용기를 한 팔레트에 쌓은 후 또 다른 RFID 리더기의 검사를 받는다. 이런 과정을 거친 후 각 팔레트는 창고에 보관되며 이 팔레트가 월마트 창고로 선적될 때 다시 한번 더 리더기를 거치게 된다. 이 실험을 통하여 리더기가 3미터 정도 떨어진 용기에 포장되어 있는 48개 병에 부착된 태그의 시리얼 번호를 잘 읽을 수 있다는 것을 확인하였으며, 이는 월마트의 화물 하치장을 통과할 때도 문제가 없었다.

2004년 11월에 퍼듀제약은 RFID 시스템을 실제 업무에 적용하기 시작하였다. 윌슨에 소재한 물류창고에서 RFID 태그를 부착한 병 2만개를 일괄처리를 할 때 단지 2개 정도의 태그가 불량한 것으로 드러나 전반적으로 성공적인 구현이었다. 아울러 퍼듀제약은 SAP[21]의 SCM 모듈과 RFID 시스템을 연동하는 작업을 수행함으로써 의약품이 제품 포장 시설에서 안전한 저장 장소인 창고로 이동하고 다시 최종 고객의 하치장으로 보내지는 과정에서 흐르는 데이터를 모두 확보할 수 있어 생산 및 판매계획에 활용할 수 있었다.

21) 세계 최대 ERP 시스템 개발업체

제9장 u-물류관리 인프라 구축 모델

1 u-물류관리 인프라의 정의

앞서 각종 사례에서도 드러났듯이 RFID/USN 산업의 활성화는 기업과 기업을 긴밀하게 묶는 협업시스템, e-SCM(공급망사슬관리) 시스템의 구축과 매우 밀접하다. 모기업과 협력업체 사이에는 수많은 원자재와 부품들이 오가며 동시에 거래와 함께 발생하는 데이터를 주고받고 처리해야 한다. 이것을 가능하게 하는 e-SCM은 u-물류관리 인프라가 요구된다. 물류 인프라의 정의와 범위는 실로 광범위하고 다양하다. i) 공항과 항만에서 화물을 선적하기 위해 또는 하역한 후 이를 내륙의 화주에게 운송하는 일, ii) 이러한 일이 있기 전에 수행되는 각종 수출입 관련 계약과 문서처리, iii) 제조업의 생산품을 물류센터(창고)에 운송하여 보관·관리하거나 소비지(대리점, 도소매점 등)로 운송하는 일, iv) 유통기업이 주문한 상품들을 매장이나 물류센터에 하역하고 관리하는 일, v) 기업들끼리 부품과 원자재를 운송하고 관리하는 일, vi) 개인의 물품들을 운송(택배, 퀵서비스 등)하는 일 등 실로 다양하다. 이러한 물류활동이 원활하게 수행되도록 정부는 도로와 항만시설을 확충하고, 거점 물류시설을 설치하며, 물류정보의 처리에 필요한 정보통신 네트워크에 투자하고 있는 바, 이러한 것들을 종합하면 물류인프라라 할 수 있다.

본 장이 다루고자 하는 u-물류관리 인프라는 대구 · 경북지역의 제조업체, 유통업체 그리고 물류전문업체를 잇는 공급망(supply chain) 상에서 발생하는 물류활동을 대상으로 하며 이의 효율성 제고를 위해 첨단 유비쿼터스 기술을 적용한 정보인프라를 말한다. 구체적으로 대구 · 경북지역의 제조업체, 유통업체, 물류전문업체들이 상호 교환하고 공유하는 다양한 거래 및 상황적 정보를 유비쿼터스 컴퓨팅 기술, 특히 RFID/USN 관련 기술을 적용하여 실시간으로 처리하고 이를 공급망(supply chain)으로 연결된 기업들이 분배하고 공유토록 하는 무선 네트워크를 포함한 정보 인프라로써 대구시와 경북도가 각기 지향하는 u-City와 u-Province를 구성하는 차세대 물류인프라라 할 수 있다.

u-물류관리 인프라의 구축은 지역의 물류산업의 혁신을 앞당겨 전문물류기업을 육성하며 물류기업들의 전반적인 경쟁력을 높일 것이며 지역 기업들의 물류 효율성을 획기적으로 개선시켜 대외적 경쟁력을 향상시킬 수 있을 것이다.

2 u-물류관리 인프라 구현의 장애요소

현재 대구시와 경북도가 u-물류관리 인프라를 계획하고 구현해 가는데 넘어야 할 장애 요소들이 많이 있다.

1) 물류업종의 취약한 경쟁력

종합물류서비스의 취약

수직 통합된 종합 물류서비스를 제공하는 업체가 지역에는 없으며, 이러한 통합 서비스를 필요로 하는 지역 업체들도 그 수가 적어 u-인프라 구축의 필요성에 대한 공감대를 형성하기가 쉽지 않으며, 시범사업을 추진하는데도 어려움이 많다. 현재 창고관리, 재고관리, 입출고관리, 수배송관리, 보세물류서비스 등 종합물류대행(3자 물류)서비스를 대행해 주는 종합물류 서비스 공급업체가 대구와 경북에는 하나도 없다. 전국에서 3대 도시이며 내륙교통의 요충지로 물류거점이 입지가 양호한 대구인데도 대구에 본사를 둔 종합물류서비스 공급업체가 존재하지 않고 단지 지점만 설치되어 운영되고 있는 실정이다.

이렇게 열악한 상황은 대구지역의 제조업체들이 물류를 전문업체에 아웃소싱하기 보다는 자체적으로 해결하려는 경향과 연관이 깊다. 지역 제조업체들은 물류가 기업의 핵심기능이 아님에도 불구하고 다른 경영기능에 비해 아웃소싱 비중이 낮았다. 물류와 관련된 수송(52.3%), 보관(10.0%), 구매(44.6%) 기능도 아웃소싱 비율이 낮은 편이었다. 보관도 재래식 창고가 53.0%로 가장 높았고, 보관시설도 단순보관(45.4%)이 주를 이루었고 선진적인 보관기능이라 할 수 있는 수선(4.3%)이나 가공(17.8%)은 저조한 수준을 보였다(이종학, 2003).

아웃소싱을 한다 하더라도 전략적 아웃소싱을 하기보다는 운송기능, 보관기능, 포장기능 등 기능별로 나누어 단순아웃소싱을 하는 경우가 많다. 게다가 하나의 물류기능을 아웃소싱 할 때도 한 업체와 거래하기보다는 다수의 업체와 거래를 하여 한 업체에의 의존으로 발생할 수 있는 위험을 회피하려는 성향을 보였다. 대구지역 섬유 수출기업의 경우 운송은 평균 2.13개, 포장은 1.45개, 통관은 1.23개 업체와 거래를 하고 있었다(이종학 외, 2002).

지역 물류서비스 업자들은 대부분 거래업체가 친인척 관계나 화주기업의 전직 임직원이 수행하고 있으며, 화주기업의 의뢰에 따른 단순서비스를 제공하는 수준에 머물러 있다. 따라서 화주기업의 종합적 물류 니즈를 충족하지 못해 물류시장을 수도권 전문물류기업으로부터 잠식당하고 있다. 화주와 물류서비스 업자들은 상생의 관계보다 자사 중심적인 이해관계에 머물러 있으며, 이러한 윈윈전략의 결여는 서로에게 기회주의적인 행동을 보임으로 거래비용을 높이는 원인이 되고 있다(이영수, 이종학, 2004).

우리나라에서 창고의 주기능은 '보관'이며, 그나마 선진국에 비해서 규모가 영세하고 기계화된 현대식 냉동·냉장창고가 부족하다. 또한 대부분 창고가 하역장비의 부족, 창고 자동화 정보화시스템의 미비로 입체 랙창고가 아닌 평면 창고로 운영되고 있다. 랙시스템 창고 및 자동화창고의 보유율은 10%이며, 창고비용 중 인건비가 51.9%, 감가상각비 22.8%, 유지비가 18.3%를 차지하는 노후시설이 많다. 하역작업의 인력의존도가 높아 화물파손율, 하역차량의 대기, 재고증가, 창고부족과 금융비용 증가로 이어져 하역생산성도 낮다(정봉현 2005).

취약한 운수업

국내기업은 화물수송의 92%를 육로수송에 의존하고 있다. 이렇게 화물자동차로 국내물동량의 대부분을 처리함에도 불구하고, 사업규모가 영세하며 사업용 화물차의 90%이상(약13만대)이 지입제[22]로 운영되고 있으며, 전체의 화물자동차업체 중 97.3%가 5대 미만의 차량을 보유하고 있어 일본의 19.8%에 비하면 매우 낮은 편이다.

이러한 영세성은 KT-Logis의 화물운송정보(CVO) 서비스의 활용이 저조한 원인이 되기도 한다. 전담사업자의 적극적이고 공격적인 서비

22) 사업면허 기준대수(현재 5대)를 보유하지 못한 화물차주(지입차주)가 명의보유 사업자에게 명의(면허권)를 빌리는 대가로 차량관리비 명목의 지입료(약 15만원/1대)를 납부하는 사업형태이다.

스 홍보 전략과 마케팅 활동이 적은 이유도 있지만, 화주기업들은 거래활동 정보의 노출로 발생하는 세원노출을 우려하며, 운송업체는 화물물동량을 확보하기 위해 주선업체의 눈치를 살피기 때문이다. 지입제 때문에 운송회사와 차주 간에 가입비 등의 부담을 서로 전가하며 차주들이 감시를 받는다는 인식이 있는 것도 한 원인이 되고 있다. 운전자도 위치노출에 대한 부담감을 느끼며, 종합적 · 전문적인 물류기업이 없는 것도 물류정보화를 통한 상품직거래를 방해하는 요소가 되고 있다. 대부분의 운송업체가 아직도 거의 전화 혹은 팩스에 의존하는 등 물류정보 네트워크가 구축되어있지 않아 불필요한 시간을 낭비하고 화물차량의 교통량 증가를 유발하고 있다(정봉현, 2005).

2) 취약한 정보화와 SCM

기업간 업종간 정보화 격차는 물류전산망의 발전에 큰 장애가 된다. 특히 중소기업의 경우, 회사규모와 기업실정에 적합한 최소한의 정보화 투자도 부족하여 물류정보시스템의 활성화에 커다란 장애가 된다. 지역의 중소기업들은 자체 정보화가 매우 열악할 뿐만 아니라 체계적인 SCM(공급망관리)을 하고 있는 업체들도 많지 않은 편이다. 오늘날 기업의 물류관리는 단일 기업의 마케팅, 영업, 생산, 재고관리 등 사내 부서들뿐만 아니라 협력업체들을 포함하는 공급망 전체의 최적화를 추구하는 차원에서 이루어져야 하며, 이를 위해서 기업의 심화되고 확대된 정보화가 더욱 요구된다. 그러나 지역의 기업들은 회계와 재무 등 단순 업무를 수행하는데 IT를 이용하고 있는 실정이어서 u-인프라를 활용한 통합물류관리를 수용하기에는 매우 미흡한 형편에 처해 있다.

선진국의 경우 물류비의 절감 및 고객서비스 제고를 위하여 물류전문업체(제3자 물류)와의 전략적 제휴로 유통단계를 축소하고 있다.

1990년대에 들어 생산업체-물류업체-유통업체-물류업체-소비자로 형성된 유통단계가 생산업체-물류전문업체-소비자로 단순하게 구성되어가고 있다. 우리나라의 경우, 물류사업자의 영세성, 기업간 정보공유 거부, 내부거래를 통한 세금탈루 등을 이유로 제조업체가 창고시설, 수배송 차량관리까지 담당하는 후진적 유통구조를 유지하고 있다(정현봉, 2005).

전국경제인연합회의 2003년 연구에 의하면, 물류거점시설인 ODCY (Off Dock Container Yard)[23], ICD(Inland Container Depot)[24] 및 재래 터미널 등 물류노드에서 정보화가 미비하여 물류정보를 파악하기 위해서 여전히 팩스나 전자우편에 의존하는 경우가 많다. ICD는 일부 물류정보화가 이루어졌지만 여전히 업무를 수작업으로 하고 있어 실시간 물류정보의 제공이 어렵다. 물류정보가 구축되는 ICD의 표준화 및 정보화 방안이 미흡하여 서로 다른 물류정보시스템이 들어선다면 향후 물류정보 연계센타를 구축할 때 어려움이 발생할 수 있다.

물류정보시스템은 기업내 부서, 기업과 협력관계를 맺고 있는 창고업체, 운수업체, 납품업체, 하청업체, 판매점 등 많은 거래처, 그리고 그 각 거래처와 관계를 맺고 있는 창고업체, 운수업체, 화물취급업체 등 많은 독립기업들과 연계되어 있는 시스템이다. 통상적으로 자동차 제조업체는 관련 기업이 약 3,000~4,000개, 종합 가전업체는 약 1,000~2,000개, 백화점은 약 4,000~5,000개의 업체와 연계되어 있다. 이들 기업들은 각자 독자적인 정보시스템을 구축해 왔기 때문에 컴퓨터기종, 운영소프트웨어, 네트워크 프로토콜 등 많은 부분이 상이하고 호환성이 낮다. 그리고 사용 중인 통신회선의 속도 및 사양도 다르며, 전표

23) 부두에서 떨어진 곳에 위치한 컨테이너 장치장을 말함
24) 내륙컨테이너기지

양식, 제품코드체계 등 업무 프로토콜도 각각 상이한 실정이어서 정보화의 걸림돌로 작용하고 있다.

u-인프라가 구축되면 기업간 거래가 발생하면서 생성되는 정보의 종류가 더욱 다양해질 뿐만 아니라 그 자료의 정확도도 높아져 기업들의 경영상태는 더욱 투명해져 갈 것이다. 이는 투명한 선진사회를 지향하는 한국사회와 기업들이 궁극적으로 나아가야 할 방향이지만 이를 지역 기업인들이 부담으로 생각할 경우 u-인프라 구축의 걸림돌이 될 수 있다.

3) 표준화 미흡

대구시 물류표준화 시행업체의 비율은 39%이다. 지역 물류업체의 파렛트 보유율은 28%에 지나지 않으며, 그중에서 일관수송용 파렛트 규격(KS-A-2155, T-11형 1종) 이용률은 46%여서 T-11형 파렛트의 보급이 미흡하다. 2004년 대구광역시의 조사에 의하면 KS파렛트인 일관수송용 T-11의 이용이 낮은 이유는 '화물의 종류가 다양하여 파렛트 표준화가 어렵다'가 70%이고, '동종업계 및 거래처에서 사용하고 있지 않아 표준파렛트의 호환성이 없다'라는 응답이 26%였다. 물류의 표준화는 물류활동의 기계화, 자동화, 일관수송을 위해 매우 중요하다. 한국의 표준 파렛트 보급률은 16.8%로서 선진국 일본의 35%, 유럽의 90%, 미국의 69% 수준과 비교하면 상당히 저조한 실정이다. 또한 물류장비, 기기, 정보시스템의 표준화 추진 역시 저조한 편이다 (정봉현 2005)

대구광역시의 2006년 조사에 의하면 전체 업체 중 약 68%만이 포장규격을 이용하고 있으며, 그 중 규격병용을 포함하여 회사내부규격을 이용하고 있는 업체가 약 74%, 업계공통규격을 이용하고 있는 업체가 약 11%였다. 그러나 실제 KS포장규격을 이용하는 업체는 규격병용을 포함하여 68개 업체로서 약 11%에 지나지 않아 KS표장규격 표준화률은 매우 저조하였다. 우리나라 포장산업은 친환경 포장재 개발, 포장자동화 기술 등 체계적인 기술개발이 미흡하다. 포장규격이 일정하지 않아, 파렛트, 컨테이너 등 표준화 사업을 통한 유니트 로드시스템 정착을 저해하고 있다. 기업에서 한국공업규격(Korean Standard) 포장규격의 사용비율은 전체의 7.7%에 불과한 실정이다.

4) 저조한 물류기술 개발

물류기술의 개발은 물류기계화, 물류자동화, 물류정보화의 발전을 위하여 필수불가결한 요소이다. 일본의 경우 차세대물류시스템 조사연구(2004년)를 통해 10대 차세대 물류기술을 제시하고 있다. 일본의 차세대 물류기술은 정보기술, 수송, 하역기술, 과제대응형 기술 등으로 구분된다. 일본이 개발하는 차세대 정보기술은 물류정보 공용 데이터베이스, 물류정보 교환네트워크, 정보시스템 연계 등으로 형성되어 있다. 우리나라는 정부 및 기업에서도 물류기초기술의 개발투자가 저조하며 물류기술의 개발계획도 미흡한 형편이다(정현봉, 2005).

임베디드·RFID 시스템의 가치는 소프트웨어가 좌우하는 기술집약적 고부가가치 산업이나 지금까지 지역 내에서 추진되고 있는 시범사업들은 대구권 및 경북권으로 나뉘어 추진되어 온 바, 추진 사업 간의 기술의 유사성 및 기능적 중복지원이 이루어져 옴에 따라 상호 협력에 의한 연계 추진으로 창출된 공동의 성과를 공유하여 지역 거점 산업화의 추진에 어려움이 있었다.

현재 RFID 시장에는 국산 솔루션이 없어 국외 솔루션이 기술과 시장을 주도하고 있으며 국외 기술에 의존하는 모습을 보이고 있다. 기존 시범사업에서 드러난 바로는 RFID 태그 신호 인식률이 낮은 점, EPC(Electronic Product Code)와 같은 표준 코드체계의 미확립 및 비싼 태그 가격과 같은 문제점이 여전히 남아 있다. 그러나 리눅스와 같은 공개 소프트웨어 플랫폼의 육성을 통해 RFID 소프트웨어 분야의 모바일 RFID 등과 같은 부문에서 세계적 수준의 기술 개발에 대한 선점효과가 기대되고 있으므로 우리나라의 강점인 이동통신, 정보가전, 자동차, 인터넷의 노하우와 접목하여 세계적인 RFID산업을 활성화할 수 있다.

5) 물류담당자의 낮은 위상

대구지역의 경우, 물류 책임자의 직위는 부장이 39.0%로 가장 높아 임원급 직원이 전사적인 차원에서 물류를 종합적으로 관리하는 기업은 거의 없었다(이종학, 2003). 물류 책임자의 위상이 조직내에서 상대적으로 낮다는 것은 물류혁신을 위한 드라이브를 걸기가 쉽지 않다는 의미를 지니며 결과적으로 최고경영층의 결단을 필요로 하는 u-물류관리 인프라와 같이 많은 투자가 요구되는 사업을 추진하기가 쉬운 풍토가 아님을 의미한다.

3 −u−물류관리 인프라 구축방안

1) 전략체계도(Strategic Map)

<그림 9-1>은 대구 · 경북의 u-물류관리 인프라 추진 전략체계도이다. u-물류관리 인프라 구축의 추진은 중앙정부(지식경제부 등)와 대구시 · 경북도가 설정한 목표에 매우 부합한다. 전략체계도에 의하면 두

개 축이 있음을 알 수 있다. 왼쪽은 이 책이 제시하는 추진사업의 진행 과정을 보여주고 있으며, 오른쪽 축은 현재 대구시와 경북도가 추진하고 있는 RFID/USN 관련 기술개발 지원 과정을 보여주고 있다. 먼저 u-물류관리 인프라의 구축에 필요한 기술과 지역이 보유하고 있는 기술적 역량을 비교한 후 갭을 찾아야 하며, 이를 근거로 추진사업에 필요한 기술개발에 행정적, 예산적 지원이 집중되어야 한다. 특히 대구시와 경북도는 지식경제부가 추진하고 있는 RFID/USN 관련 지원사업을 지역의 사업들과 적극 연계할 필요가 있다. 추진조직이 중심이 되어 개발, 실행, 컨설팅, 교육 등을 통하여 사업에 기술을 접목하며, 그 결과로 u-물류관리 인프라가 실현될 것이다.

현재 대기업 중심으로 u-물류인프라와 물류정보시스템을 구축하고 있으나, 중소기업의 경우 자체적으로 이를 추진하는데 현실적인 어려

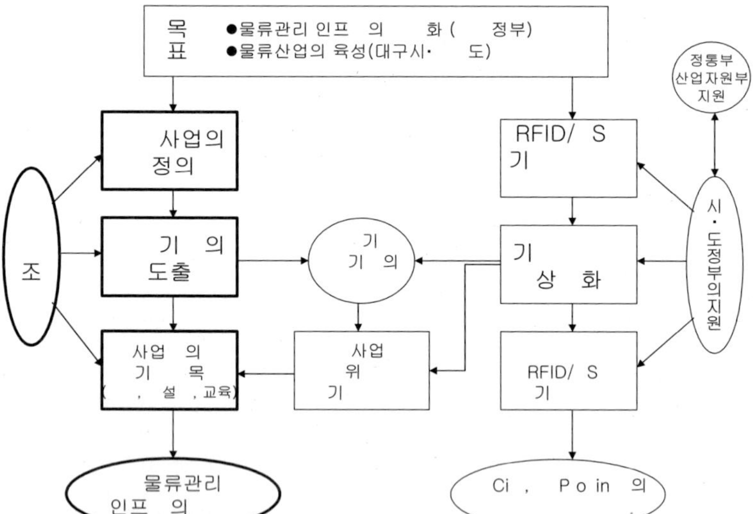

그림 9-1 u-물류관리 인프라 추진 전략체계도

움이 많다. 그러다 보니 기업간 또는 업종간 존재하는 정보화 격차를 완화하기 위해서는 물류정보화 기반시설을 이용할 수 있는 여건조성이 선행될 필요가 있다. 현재 중소기업청이 중소유통업체의 개별정보화 및 공공정보화를 지원하고 있지만, 산업전반의 물류정보화, 및 중소 제조 · 유통 · 물류업체의 물류정보화를 촉진하기 위한 지원제도가 필요한 시점이다.

개별 기업 내지는 공급망 수준으로 내려가면 <그림 9-2>와 같은 RFID 전략프로세스를 생각할 수 있다. 왼쪽부터 시장(또는 환경)분석 단계에서는 해당 산업(업종)의 여건과 경쟁적 환경을 분석하고 기술이 경쟁력에 미치는 영향과 고객(이해당사자)을 분석할 필요가 있다. 비즈니스 분석 단계로 가서는 비용/효익과 시장지위에 미치는 영향을 분석하여 비즈니스 전략을 수립한다. 가치제안 단계에서는 RFID 기술이 제공하는 기회와 위협을 찾으며, 목표시장을 선정하고, 얻고자 하는 핵심가치를 제안하면서 다양한 전략들을 융합한다. 전략이 수립된 후 구체적인 행동전략, 즉 운영계획을 수립하는 것이다.

<table>
<tr><td>산업여건분석</td><td>비용/효익 분석</td><td>기회와 위협</td><td rowspan="5">4.
전략
수립</td><td>운영모델</td></tr>
<tr><td>경쟁적 환경</td><td>시장지위에
미치는 영향력</td><td>목표시장 선정</td><td>기술로드맵</td></tr>
<tr><td>기술의 영향</td><td>현 가치제안</td><td>핵심가치 제안</td><td>조직설계</td></tr>
<tr><td>고객니즈 분석</td><td>비즈니스 전략</td><td>전략의 융합</td><td>비즈니스 계획</td></tr>
<tr><td>1. 시장분석
단계</td><td>2. 비즈니스
분석 단계</td><td>3. 가치제안
단계</td><td>5. 운영계획
단계</td></tr>
</table>

그림 9-2 RFID 전략프로세스

자료원 : Figure 4.3, Poirier and McCullum (2006).

RFID 추진전략을 설정할 때 다음과 같은 사항들을 고려해야 한다(Poirier and McCollum, 2006).

- RFID 기술의 활용은 수많은 비용 절감 효과, 배송시스템 강화 효과, 그 밖의 고객만족 효과로 나타나며 ROI가 최대 10배까지 개선될 수 있다.
- RFID 기술은 비즈니스 전략 및 운영 계획 지원, 공급망 모델에서의 상호 관계성을 제공하며, 현재와 미래의 비즈니스 실행에 필요한 강력한 지침을 제공한다.
- RFID 기술 도입은 선택된 파트너와의 RFID 구현 비즈니스 프로세스 혁신을 통해 다양한 수익을 제공한다.
- RFID 기술 구현에 따라 나타나는 서비스와 기능 개선 사항은 공급망 전략의 새로운 가이드라인을 제공하고, 고객 가치를 증대시켜 준다.
- RFID 기술 도입을 통해 기대하는 재무성과 개선 계획안은 어떻게 RFID 기술이 수익 창출에 기여하는 지를 보여줄 수 있다.

2) 추진 사업

(1) u-인프라의 확충

하드웨어

기본적으로 RFID 태그, RFID 레이블 프린트, EPC 컴플리언트 안테나, EPC 컴플리언트 리더들이 하드웨어를 구성한다. 지역은 말할 것도 없고, RFID 태그 시제품을 개발하거나 생산을 하는 국내 업체는 아직 없으며, 해외에서 수입하여 재가공하거나 주요부품을 수입하여 단순 조립하는 수준에 머무르고 있다. RFID 칩은 국내 반도체 업체인 삼성전자와 하이닉스가 일부 칩을 공급하고 있지만 대부분 필립스, 마이페어(마이크론), 인피니온(지멘스) 등 외국 업체에 전량 의존하고 있는 실정이다.

국내의 리더기 단말기 기술 수준은 세계적 수준이어서 리더기 RF 기술 분야, 리더기 디지털 기술 분야, 리더기 안테나 분야 등 리더기 기술과 관련된 모든 분야에서 기술수준이 상당히 성숙한 단계에 있다. 리더기 개발은 UHF대(극초단파) 기기를 중심으로 매트릭스 · 하이트렉스, 사비테크놀로지 · LG CNS, 에일리언 · 이림테크, 텍사스인스트루먼스(TI) 등 외국기업과 국내 협력사들이 이미 상용화를 위한 시험을 마치고 국내 시장공략이 시작되었다. 순수 국내기업으로는 크레디패스와 키스텀이 UHF대 리더기의 개발을 완료하였다. 그러나 지역의 업체는 거의 없는 것이 현실이므로, u-물류관리 인프라의 하드웨어인 RFID 태그와 리더기 관련 기술은 외부의 도움을 받을 수밖에 없는 실정이다.

삼성테스코사를 중심으로 수행된 시범사업을 통하여 유통산업의 물류관리에 RFID기술을 적용할 때 알게 된 기술적 한계는 첫째, 안테나(리더기)와 태그의 인식거리는 최대 7m까지도 가능하였지만 원활한 인식을 위해서는 3m이내여야 했다. 둘째, 리더기간의 간섭이 발생하여 입력되지 않아야 하는 데이터가 자주 인식되는 등 에러가 많았다. 셋째, Case(박스)수준의 태그 인식률이 72.7%에 지나지 않아 센싱(sensing)이 불안정하였으며, 넷째, 액체와 메탈용기 제품은 리더기의 인식을 교란하는 문제가 있다. 제일모직도 유사한 문제점을 겪었고 이를 해결하기 위한 기술적 조치를 위하였다(8장 제일모직 사례 참조). 지역의 u-물류관리 인프라 구축과 시범사업에 이러한 문제해결은 여전한 과제로 남아 있다.

RFID 태그와 리더기의 가격 경쟁력에도 문제가 많다. 2005년에 실시된 삼성테스코사의 유통산업 RFID 시범사업에서도 제일 유리한 가격으로 조달을 하였다고는 하지만, 테스코 영국의 RFID 전문가에 의하면 월마트나 테스코는 더 저렴한 가격으로 기술을 도입하고 있다고 한다. 신세계 이마트, 스쿨룩스, 킴블리-클라크의 u-SCM 프로젝드 추진팀들도 한결같이 RFID기반 u-SCM의 확산과 정착을 위해서는 태그의 가격이 더 떨어질 필요가 있을 뿐만 아니라, 내구성이 향상되어 재사용이 가능하면 좋을 것이라 하였다. 수요가 증가하여 본격적으로 RFID기술의 시장이 성립되면 태그는 개당 5센트(약 50원) 리더기는 100달러(약 10만원) 정도가 될 것으로 예상되는 바, 이 정도 수준으로 단가가 하락할 때 대구 · 경북의 u-물류관리 인프라의 확산이 보다 용이해 질 것이다.

u-물류관리 인프라의 추진을 위해서는 위에 지적된 기술적 문제들이 해결된 업그레이드된 RFID 하드웨어가 상용화되어야 하고, 이러한 하드웨어들의 가격도 지역의 u-물류관리 인프라 사업의 경제적 타당성을 얻는데 문제가 없을 정도로 하락하는 일이 중요한 관건이라 할 수 있다.

소프트웨어

소프트웨어 분야는 2003년 후반기부터 국내기업들이 관심을 가지지 시작하여 Data Gathering 기술, Event Management 기술, Database 분야, Application Integration 및 API 기술 분야는 비교적 우수한 수준에 와 있다. 미들웨어의 경우, 상용화가 부진하고 시장형성의 지연으로 인하여 적극적인 기술 개발이 수행되고 있지 않다. 지금 미들웨어에 대한 구체적인 사양에 대한 국제 표준이 존재하고 있지 않지만 궁극적으로 애플리케이션이 디바이스 계층의 세부 기술적 사양에 대한 정보가 없이도 논리적으로 RFID 기능을 구현할 수 있는 표준화 기반 API가 제공될 수 있을 것으로 전망된다.

다중 코드계 지원 기술로 EPC Global과 ISO/IEC를 비롯한 여러 단체에서 RFID에 대한 표준을 제정 중에 있으며, 그 결과로 현재 EPC 코드, ISO 15963, uID 등 다양한 코드계가 객체에 대한 식별 코드계로 개발되고 있다. 향후 식별코드는 제품, 이력, 센서 데이터의 식별 영역 확장과 기존 업종별 식별 코드계의 효과적인 수용 방안에 준한 기술이 요구된다.

현재의 다양한 응용주파수 대역 및 적용분야는 멀티밴드/프로토콜 리더기 및 고정/이동형/휴대형/PCMCIA형 등 다양한 크기/용도의 리더기 개발이 필요하고, 데이터의 처리 및 분배를 위한 지능형 에이전트와 다양한 비즈니스 시스템(SCM, ERP, CRM)에 연동하기 위한 적응형 미들웨어의 개발도 추진 중에 있다.

한편 2007년 대구 · 경북지역의 RFID산업체의 실태를 살펴보면 USN과 리더기간의 미들웨어를 포함한 솔루션 개발이 주를 이루었다. 즉 RFID 태그와 리더기로부터 확보된 실시간 데이터를 센스 네트웍을 통해 DB로 구축하기 위한 애플리케이션과 미들웨어를 통합하는 시스템 통합 솔루션으로 물류, 유통 분야의 응용 솔루션 개발이 주를 이루고 있으며, 센스 리더기 개발이 일부 포함되어 있었다. u-물류관리 인프라의 핵심인 RFID 시스템의 운영 계층은 디바이스 계층, 미들웨어 계층, 애플리케이션 계층 등 3 계층으로 구성된다. 이 중에 디바이스 계층의 소프트웨어는 리더기 제조사들이 주도를 할 것이며, 지역의 솔루션 업체들은 미들웨어 및 애플리케이션 계층의 소프트웨어 개발에 역점을 두어야 할 것이다.

특히 RFID/EPC기술을 물류창고를 드나드는 물품관리에 적용할 경우, 자동검수를 통하여 생산성과 정확성을 제고할 수 있을 뿐만 아니라 재고관리나 위치추적이 편리해지며 도난방지가 용이해지는 등 혜택이 많다. 향후 RFID/EPC를 통해 물류에 관한 많은 정보를 추출 가공하여 활용하는 일이 일상적인 업무가 될 수 있는 때를 대비하여 각종 솔루션들을 개발하는 IT벤처기업들의 육성이 필요하다.

이를 위해서 경운대학교 RIS 사업과 대구대학교의 RIS 사업간의 RFID/USN 관련 원천기술개발과 응용 시스템 개발의 장점을 접목하여 타 응용분야로의 확산을 위한 표준 플랫폼 확보 및 원천 기술의 축적을 위한 공동협력이 요구된다. 특히 RFID/USN 기술을 e-SCM 등의 물류 분야에 성공적으로 도입하기 위해서는 물류관리에 적합한 900MHz 등 극초단파 대역의 장비 및 태그 기술개발이 필요하며, 이를 위해 역내 관련 업체를 육성하고 산학연관을 통한 다음 기술 분야에 대한 표준화된 패키징 기술 개발을 지원할 필요가 있다. 향후 추진할 필요가 있는 주요 기술분야는 다음과 같다.

- 막대한 양의 실시간 데이터의 처리에 대한 미들웨어 기술
- 실시간 정보를 처리해 줄 미들웨어와 기존 정보시스템과의 통합 기술
- 보안 문제, 인식률 향상, 대상 물체의 성질에 따른 인식률 차이를 극복할 수 있는 패키징 기술 개발

네트워크

지역 기업들이 유비쿼터스 환경에서 물류관리활동을 강화하게 되면 필연적으로 데이터량이 증가하기 마련이다. 따라서 u-물류관리 인프라

는 서버와 망 등 일정수준 이상의 네트워크 인프라의 확충이 요구된다. 현재와 비교해서 얼마나 더 많은 양의 데이터가 네트워크를 오갈지에 대한 연구는 부족하나, 향후 RFID 애플리케이션의 발전 방향과 보다 확실한 표준화가 윤곽이 잡히면서 보다 구체적인 정보를 접할 수 있을 것이다.

산업자원부(현 지식경제부)가 지원한 삼성테스코 중심의 시범사업의 결과를 보건데, EPC(전자상품코드) 등 텍스트 파일 형태의 데이터만을 주고받을 경우, 네트워크 투자를 많이 할 필요가 없으나 음성, 영상, 방송, 음악 등이 통합된 멀티미디어 서비스를 실현해야 한다면 BcN(Broadband convergence Network: 광대역통신망)과 같은 차세대의 통합네트워크에 대한 투자가 필요해 진다. 일본의 대형 해상운수기업인 NYK Line의 NYK그룹의 R&D센터인 MTI(Monohakobi Technology Institute)가 추진하고 있는 야적장 수출용 자동차관리를 위한 RFID 시스템을 보면 처리하고 디스플레이해야 하는 정보가 많아짐을 알 수 있다. 이러한 인프라 투자는 그 규모나 요구되는 투자액으로 볼 때 대구 · 경북지역이 단독으로 진행할 수 없는 것들이어서 정부의 지원을 받아야 할 사업이다.

EPC 네트워크는 내부 EPC 네트워크, 거래 업체간 EPC 네트워크, 업계 전체 EPC 네트워크로 확대 발전되어야 한다. EPC를 이용하려는 기업들은 내부적으로 EPC 아키텍처에 기반한 EPC 네트워크를 구축하여야 하며, 공급망에 참여하고 있는 모든 거래 업체들도 EPC 네트워크를 도입하여야 한다. 참여 거래 업체는 물류 서비스업체, 포장 하청 업체, 하청 생산업체까지 모두 포함되어야 한다. 궁극적으로는 모든 기업들이 EPC 네트워크에 참여하여야 한다. 따라서 거래 과정에서 어느 한 곳에서 입력된 제품 및 물류 정보는 모든 기업들이 공유할 수 있게 되는 것이다.

이렇게 구축될 u-인프라를 활용할 애플리케이션들은 GPS(Global Positioning System), 교통지리시스템(GIS-T: Geographical Information System for Transportation), 이동체 위치파악 시스템(AVLS: Automatic Vehicle Location System) 등이 있는데 이러한 시스템들을 가동하기 위해서는 지역 내 주요 도로 곳곳에 USN(Ubiquitous Sensor Network)의 확충이 필요해진다.

이런 맥락에서 최근 건설 중인 칠곡 '영남권 내륙화물기지(복합화물터미널)', '영천 유통센터'의 구축 프로젝트도 향후 u-물류관리 인프라와 연계될 수 있는 무선 네트워크 인프라를 고려하여 설계되어야 할 것이다. 즉 표준운영시스템 운영, 물류통합DB · 연동시스템 구축, 공용출입구 구축과 출입구 자동화가 포함되어야 할 것이다. 표준운영시스템의 구축은 반출입, 야드, 보세화물, 철도운송, 장비 및 일반관리에 필요한 정보시스템이 포함된다. 물류통합DB · 연동시스템은 반출 · 입 관리, 보세화물정보, 철도운송정보, 화물추적정보, 물류통계와 연동시스템이 구비될 필요가 있다. 공용게이트 구축 및 게이트 자동화는 RFID를 적용한 무인 정보획득과 처리에 있어 중요한 하드웨어적 구조가 될 것이다. 아울러 구축될 u-물류관리 인프라는 기존의 물류정보망과 물류VAN을 활용하고 연계할 필요가 있다.

(2) u-운송체계의 구축

화주들이 이용하는 운송업체의 유형을 보면 영업용화물차량은 21.8%, 자사차량과 영업용차량을 동시에 이용하는 업체가 54.3%, 공동수배송은 7.2%여서 외주를 통한 물류관리의 전문화는 미미하다(이영수, 이종학 2004). 이렇듯 영업용 화물자동차가 국내물동량의 대부분을 처리함에도 불구하고, 사업용화물차의 90%이상(약13만대)이 지입제[25]로 운영되고 있으며, 전체의 화물자동차업체 중 97.3%가 5대 미만의 차량을 보유하는 등 사업규모가 영세하다(정봉현 2005). 화주기업들은 거래활동 정보의 노출로 발생하는 세원노출을 우려하며, 운송업체는 화물물동량을 확보하기 위해 주선업체의 눈치를 살피는 일이 다반사이다. 지입제 때문에 운송회사는 가입비 등의 부담을 차주에게 서로 전가하며 차주들은 운송회사의 감시를 받는다는 인식을 지니고 있으며, 운전자도 위치노출에 대한 부담감을 느끼는 것이 업계 현실이다. 따라서 KT-Logis와 같은 첨단 화물운송정보(CVO) 서비스의 활용이 저조하며, 네트워크의 구축을 통한 물류정보의 공유를 원치 않아 대다수의 운송업체는 전화 혹은 팩스에 의존하는 등 전근대적인 방식으로 운영하고 있다.

한편 전자상거래가 발달하면서 다빈도·소량 배송수요가 늘어남에 따라 택배사업의 시장규모는 매년 40～50% 내외로 성장하고 있다. 이 시장규모는 2000년 1조원에서 2013년 3.8조원으로 년 평균 10.8%의 증가세가 예상된다. 이에 따라 국내 택배사업의 국제경쟁력을 높이기 위하여 권역별 집배송시설, 전국적 세계적 화물추적시스템의 구축 및 신뢰성 있는 소비자 보호장치 제도가 요구된다(정봉현 2005).

결론적으로 운송업계의 경쟁력 향상을 위해 선진경영의 방해물이 되고 있는 다단계 및 지입제를 개선하고 개별 차주 및 운송회사의 화물 및 차량정보시스템 구축을 지원해야 할 필요가 있다(이재민, 서상범, 2004). 이 책에서는 후자인 정보화부문에 초점을 두고자 한다.

---

25) 사업면허 기준대수(현재 5대)를 보유하지 못한 화물차주(지입차주)가 명의보유 사업자에게 명의(면허권)를 빌리는 대가로 차량관리비 명목의 지입료(약 15만원/1대)를 납부하는 사업형태이다.

GPS 등 첨단 IT를 활용한 화물운송체계의 혁신

규모가 큰 운수업체, 중계업체 또는 연합조직(예: (주)대구화물터미널)이 주도가 되거나, 운수업체들이 컨소시엄을 만들어 u-물류인프라 중 운송부문의 사업을 추진할 수 있을 것이다. 특히 GPS를 이용한 차량관리 시스템을 도입하여 차량을 보다 효율적으로 운영할 수 있다. GPS 송신데이터와 무선통신을 이용한 실시간 화물운송계획을 수립하여 고객(화주, 운수업체, 소비자)들의 편의를 최대화할 수 있다. 중앙통제센터의 서버에 모든 차량운영상황정보를 통합관리하고, 개별 운전자들에게는 소형 단말기(스마트폰, PDA)를 지급하여 차량운영상황정보에 접근할 수 있도록 한다. 배달 물건이 발생하면 대기 중인 차량을 배치하거나, 화주의 위치와 가장 가까이 있는 차량에게 통보하여 배차한다. 실시간 교통상황 정보를 바탕으로 수·배송에 관한 최적 정보를 제공하고, GIS용 전자지도의 화물차량 위치식별기능과 GPS를 활용한 차량 자동항법시스템을 통하여 운전자에게 최적의 운행경로를 제공하여 운송의 효율성을 극대화할 수 있다. 이러한 통합운송서비스 체계 구축은 향후 종합적인 물류업체의 양성과 맥을 같이 하여야 한다(<그림 9-3> GPS를 이용한 유비쿼터스 운송관리망 참조).

이를 위해 다음과 같은 서비스 사례를 참조하여 네트워크와 솔루션을 활용하여 영세 운송업체들도 활용할 수 있는 운송관리를 위한 u-ERP를 개발하여 보급한다면 화물운송체계 혁신에 가속도를 낼 수 있을 것이다.

서비스 사례

- 공영복합화물터미널(주)는 공용복합화물운영시스템(KIFOS)를 운영하고 있다. 이 시스템은 배송센터 관리시스템과 수 · 배송 관리시스템, EDI 시스템, 전자발주시스템(EOS), 음성지원 ARS시스템, 차량 · 화물추적 시스템과 철도운송시스템 등으로 구성되어 있다.
- KT-Logis가 1998년 11월부터 상용서비스로 제공하고 있는 화물운송정보서비스(CVO: Commercial Vehicle Operation)는 GPS 및 휴대폰을 통해서 화물 및 차량을 실시간으로 추적하여 차량의 배차 및 운행관리, 화물의 상태관리 등 화물운송에 필요한 제반업무를 전산화하여 기업의 물류비용을 절감시켜 주는 국가기간전산망이다. 이 서비스는 실시간 차량/화물추적, 차량운행관리, 수 · 배송알선, 교통상황정보, 지리정보, 사이버물류정보, 전국 화물운송안내(1588-2424) 등의 업무를 수행한다. 그러나 이 서비스는 막대한 투자에 비해서 이용 실적이 낮은 편이다.
- KT, 건설기술연구원, 도로공사 등 9개 기관이 RFID기술을 이용하여 자동차 한 대 한 대의 위치를 파악하고 이를 종합해 도시 전체의 교통흐름을 계산할 수 있는 새로운 교통정보 수집 시스템의 구축을 시도하고 있다. 이 사업은 2007년 3월부터 8월까지 제주시에서 처음으로 시범 운영되었다. 차량 2천 대에 RFID 태그가 부착되고 리더기 150대가 동원돼 제주시청 인근 구 제주 지역의 실시간 교통흐름과 혼잡지역 정보 등을 파악하였다.
- 미국의 CVO사업은 약 330만대의 중대형 화물다종차, 2만5천대의 버스, 36만5천대의 스쿨버스를 대상으로 하고 있다. 주요 서비스로는 사업용 차량등록, 사업용 차량 자동통관, 사업용 차량 및 운전자 자동검색, 사업용 차량관리, 위험물수송사고 대응 등이 있다. CVO 사업비용의 재원은 연방, 주, 지방정부 등 정부기관, 도로운영기관, 민간부분으로 이루어져 있다.
- 일본은 오사카 지역의 중소운송기업을 대상으로 물류정보 시스템을 구축한 바 있다. 이 사업은 통산성의 '광역물류 효율화 추진사업'의 보조금을 지원받아 물류정보네트워크를 구축하기 위한 시범사업으로 중소운수기업으로 구성된 '협동조합 네트워크 NANIWA'와의 협조로 실시되었다. 물류 정보시스템은 화물자동차주선 시스템, 화물추적시스템, 수하물검품시스템 3개 시스템으로 구성되어 있다.

u-인프라를 고려한 '영남권 내륙화물기지'의 설치

현재 개발이 거의 완료된 칠곡 '영남권 내륙화물기지'는 공차 통행률을 낮추며 수송효율성을 높이기 위해 필요한 시설로 보여지며 이를 구축할 때 u-물류인프라의 도입을 포함시켜야 한다. 전국경제인연합회의 2007년 연구보고서에 의하면 물류정보가 구축되는 내륙컨테이너기지(ICD)의 표준화 및 정보화 방안이 미흡하여 서로 다른 물류정보시스템이 들어선다면 향후 물류정보 연계 센터의 어려움이 발생할 수 있다는 점에 유의해야 할 것이다. 2008년 착공한 영천유통단지에도 u-물류관리 인프라를 적용할 수 있는 시설기반을 고려하여 조성되어야 할 것이다.

위험물차량 관리

u-물류관리 인프라는 위험물차량 관리에도 적용될 수 있다. 위험물차량 관리 시스템(HMMS)은 위험화물 및 위험물 적재차량에 대한 상태정보를 실시간으로 추적·관리하는 시스템이다. 위험물차량 관리시스템은 위험물 차량군 관리서비스, 위험화물 관리서비스, 구난체계관리서비스로 구성되어 있다. 따라서 이 시스템은 차량관리 주체 간에 차량정보를 상호 공유하도록 하여 위험화물 운송의 안전성을 향상시키고 사고발생시 효율적으로 대처하는 일에 기여할 수 있을 것이다. 위험화물운반차량에는 RFID 태그를 발행하고 시내 도로 곳곳에 설치되어있는 USN이 이 차량들의 위치를 감지할 수 있을 것이다.

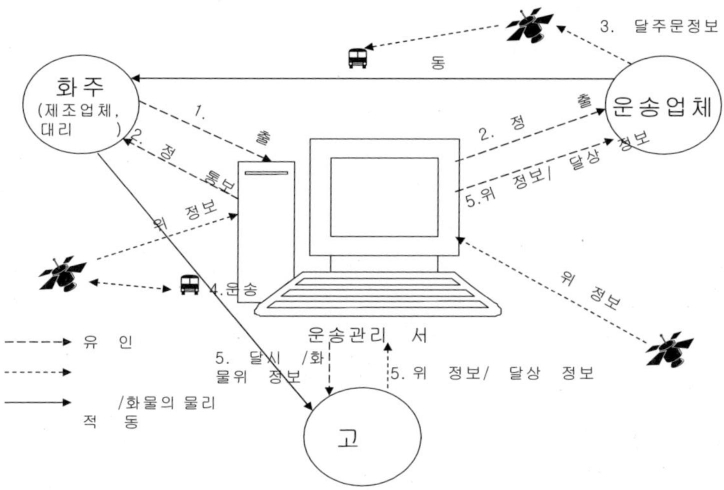

[해설] 1,2,3 : 운송업체의 화물차 운전자는 운송요청을 보낸 화주에게 갈 수 있을 때 자신의 소형단말기(휴대폰, PDA)에서 'Yes'키를 입력하면 서버는 화물차의 현재 위치와 화주의 위치를 계산하여 도착 예정시간을 통보한다.

4,5 : 하주업체에서 화물을 상차한 후 '출발'키를 누르면 서버는 화물차의 현재 위치와 고객의 위치를 계산하여 화물의 위치와 예상도착시간을 알려준다. 운전자가 고객의 시설에 도착한 후 '배달완료'키를 누르면 화주와 운송업체의 단말기에 도착지와 시간을 통보해 준다.

그림 9-3 GPS를 이용한 유비쿼터스 운송관리망

적용 사례

2007년 6월 5일 오전에 대구-포항 고속국도 상행선 와촌터널에서 수박을 싣고 가던 2.5t 화물차량 뒷바퀴에서 과열로 추정되는 불이나 터널 내에서 위험한 상황이 발생하였다. 다행히 인명 피해는 없었으나 만일 이 차량이 위험물을 적재한 차량이었다면 대형참사로 이어질 수 있었다. RFID/USN기술을 응용한 위험물차량 관리 시스템을 구축한다면 이러한 최악의 사태에 신속하게 대처할 수 있을 것이다. 화물차에 능동형 RFID 태그가 부착되고, 인근 도로에 설치된 리더기가 USN을 통해 차량정보(차량의 크기, 용도, 위험물차량 여부 등)를 대구시 119본부에 신속하게 전달된다면 재해본부가 진압에 필요한 차량과 장비 등을 보다 효율적으로 인지하고 동원할 수 있어 대형 재난을 미연에 방지할 수 있을 것이다.

(3) 기업의 공급망(SCM)혁신과 정보화 지원

경영 프로세스 혁신 지원

RFID기술을 중심으로 한 u-물류관리 인프라 구축의 주요 이슈 중 하나는 업계의 새로운 물류관리 프로세스의 정립과 이에 따른 변화관리(change management)이다. 건강 및 위생용품 분야의 세계적인 기업인 킴벌리-클라크(Kimberly-Clark)도 디스플레이 판촉행사의 정확한 집행과 성과측정을 위해 RFID기술을 도입하였는데 도입 전 공급사슬망 전체를 리엔지니어링하여 기술도입의 효과를 극대화하였다. u-물류관리 인프라의 도입의 효과를 극대화하기 위해서는 참여 기업의 내부뿐만 아니라 제조업체, 유통업체, 물류업체를 하나의 확대조직(extended enterprise)으로 보고 공급사슬망(supply chain)의 재구축이 전제되어야 한다. 향후 대구시와 경북도의 지원은 개별 기업 정보화에만 초점을 둘 것이 아니라 특정 공급망으로 묶여지는 기업군의 공급망의 혁신과 이에 따른 정보화를 대상으로 할 필요가 있으며, 이에 u-물류관리 인프라와의 연계성을 고려하여야 할 것이다.

물류정보시스템의 확충

특정 공급사슬망(supply chain)에 묶여진 기업들은 상호간에 보내고 받는 화물(제품)의 정보를 쉽게 공유할 수 있는 물류정보시스템의 확충이 필요하다. 기업간 물류정보의 효율적인 교환을 위해서는 물류관련 주체 간 네트워크의 확충과 정보통합이 우선되어야 한다. 물류관리 측면에서 물품의 수 · 발주, 상품의 출고지시, 물품의 적재 · 배차지시, 인수확인의 과정에 정보 및 문서가 수반된다. 물류정보를 구현하기 위해서는 거래문서, 상품, 차량 및 장비, 인력, 시설과 같은 다양한 정보

객체를 정보시스템을 통해 관리할 필요가 있다. 이와 같이 전체 물류 시스템의 정보를 통합관리 하기 위해서는 제품의 원재료, 제조, 공급 및 폐기에 이르는 제품생성주기의 과정에 표준화, 통합화 기술이 적용되어야 한다(정봉현, 2005).

한 걸음 더 나아가 EDI를 중심으로 특정 공급사슬망에 묶여 있는 관련 기업만 참여하는 폐쇄형의 물류관리시스템보다는 개방된 인터넷의 웹 환경 물류관리가 대세가 되어가고 있는 시점에서 물류관련 주체들이 다양한 방식으로 자유롭게 참여할 수 있는 가상기업의 물류환경으로 나아가야 한다. 예를 들면, 나무와 화훼 장비 등을 웹을 통해 판매하는 e-Market Place를 운영하는 Garden Escape사의 경우, 인터넷이 농장, 온실창고, 유통에 관련된 공급업자를 긴밀하게 연결하여 인터넷으로 주문을 받고, 주문을 전자우편이나 온라인으로 공급업자에게 전달하면 Garden Escape의 웹 사이트에서 출하번호를 부여받고 FedEx(배송업체)로부터 배송상황을 추적 확인할 수 있다.

기업 간에 이동하는 모든 물품의 위치를 추적하고 관리하는 지능형 시스템의 개발도 가능하다. 창고에 입고되는 물품과 출고되는 물품부터 제조업체의 생산현장이나 유통업체의 매장 또는 창고로 이동하는 모든 물품들에 RFID 태그를 부착하여 상태변화 정보를 자동관리하고 각 기업의 재고관리 시스템과 연동되어 공장이나 매장의 재고정보를 자동으로 업데이트할 수 있어야 한다. RFID를 유통물류에 적용하면 상품의 실시간 판매 및 재고관리를 가능하게 한다. RFID 태그가 부착된 물품이 매장에 입고되거나 매장에서 판매로 인해 매출이 발생할 때마다 물품정보가 저장된 태그를 리더기가 동시에 읽으면서 재고정보와 매출정보를 실시간으로 업데이트할 수 있다. 이러한 실시간 판매 정보를 이용하여 기업들은 판촉전략을 시시각각으로 수정할 수 있어 시장

변화에 민감하게 대처할 수 있다. 이러한 기능을 가능하게 하기 위해서는 유비쿼터스 물류관리 시스템이 기업들이 운영하고 있는 ERP와 같은 기존 MIS와도 잘 연동되어야 함을 의미한다. 특히 기업의 주문처리, 재고관리, 출하 및 배송관리 부분들은 u-물류관리 인프라가 생성하게 될 각종 거래정보와 상황정보를 받아 전자적으로 처리하고 활용할 수 있도록 설계되어야 한다. 따라서 u-물류관리는 기업들이 이를 수용할 수 있는 정보화도 병행되어야 함을 의미한다.

특히 중소규모의 영세 물류업체의 물류정보화를 촉진하기 위해서 정보처리 업무를 대행하는 물류정보통신 전문업체를 육성할 필요가 있다. 전문업체 육성의 사업타당성을 검토하기 위해서 시범사업을 시행할 필요가 있으며, 그 성과에 근거하여 민간업체의 사업 참여를 유도할 필요가 있다. 시범사업은 영세업체가 많은 육상운송 분야를 대상으로 3~4개 업체를 선정하고, 물류전문지식을 보유한 전문 정보통신업체에게 위탁 운영을 하는 방식이 될 것이다. 이를 위해 물류정보통신 전문업체를 설립하려는 자에게 설립기금을 융자 지원할 수 있으며, 전문업체는 영세 물류업체에 대한 전산업무 대행 및 인터넷 웹호스팅, EDI신고 대행, 물류정보의 수집 · 제공업무, DB구축과 가공판매 및 업무전산화용 S/W 개발 · 보급을 담당할 것이다.

적용 사례

주류업체 금복주는 비록 초보단계이지만 유비쿼터스형 물류관리혁신을 시도하였다. 각 대리점으로부터 EDI 전산망을 통해 주문을 받으면 제조공장 옆에 있는 출하창고로 출하지시서가 발행된다. 출하지시에 따라 배달할 물건을 적재한 화물차가 회사의 건물을 나설 때 정문을 지키는 직원에게 차량에 적재된 물품 송장 카피 한 부가 전달되고 그 직원은 정문 옆 사무실에 설치된 PC를 이용하여 배달정보(출발시간 등)를 담은 문자메시지(SMS)를 해당 대리점에게 보낸다. 비록 SMS기술을 이용한 작은 개선이지만 대리점은 배달시기를 사전에 알 수 있어 배달을 기다리기 위해 시간을 낭비할 필요가 없으며, 하역을 위한 사전 준비를 할 수 있게 하여 고객의 만족도를 높였다. 만일 금복주가 RFID를 도입하게 된다면 위에서 언급한 출하통보는 쉽게 가능할 것이며 이외에 주문, 생산, 출하 그리고 유통에 이르는 전 과정에 획기적인 개선을 이룰 수 있을 것이다.

(4) 제품정보관리의 혁신

제품의 제조에서부터 소비자의 수중에서 폐기될 때까지 RFID 태그에 저장된 제품정보를 제대로 관리할 수 있다면 해당 제품의 라이프사이클에 따른 정보관리의 커다란 혁신을 이룰 수 있다.

제품이력 정보관리

소비자 주권이 신장하면서 제품의 오작동으로 인해 발생하는 손실에 대한 제조업체의 책임이 증대되고 있다. RFID 기술을 적절하게 활용하면 제품의 상태 및 이동 정보를 관리할 수 있어 배상문제가 발생할 때 효과적으로 대응할 수 있다. 뿐만 아니라 RFID 기술을 이용하여 제품의 이력정보를 제대로 관리한다면 도난당하거나 위조된 제품을 쉽게 추적하거나 가려낼 수 있다. 고가의 명품에 RFID 태그를 부착하여 제품의 이력정보를 관리하면 위조를 방지할 수 있으며, 도난되었을 경우에도 쉽게 추적할 수 있을 것이다. 오염된 식품이 유통되어 피해가 발생하고 소비자의 고발이 들어왔을 때, 식품회사는 해당 제품을 빨리 리콜할 수 있어야 하며 오염된 장소와 원료를 빨리 파악할 수 있어야 한다. 이러한 혁신에는 현재 RFID 태그의 메모리 용량이 적다는 점, RFID 태그 정보를 읽는 리더기의 설치가 한정되어 있다는 점, 무엇보다도 태그가 부착된 제품을 소유하고 있는 개인의 사생활침해문제가 걸림돌로 작용할 것이다.

CRM시스템과의 연동

RFID기술의 도입으로 생산, 유통, 판매, 고객에 관한 정보가 엄청나게 늘어날 것은 분명하다. 그러나 이러한 정보를 분석하고 활용할 수 있는 시스템과 애플리케이션이 구비되어 있지 않다면 이는 단지 기억장치(memory)의 낭비로 끝나고 말 것이다. 오늘날 기업들은 보다 효과적인 마케팅 및 판촉 전략을 수립하기 위해 대량의 데이터를 분류하고 분석할 수 있는 인프라와 시스템을 갖추어가고 있다. 은행, 신용카드회사, 할인점 등이 앞장서서 도입하고 있는 CRM(Custormer Relations Management)은 기업의 마케팅/고객 담당 부서에 이전에는 경험하지 못한 차원의 정보 분석 서비스를 제공하고 있다. 건강 및 위생용품 분야의 세계적인 기업 킴벌리-클라크(Kimberly-Clark)는 판촉행사를 위해 디스플레이된 제품에 RFID 태그를 부착하여 판촉 매출과 일반 매출을 구분함으로써 행사의 성과를 정확하게 짚어낼 수 있었다. 대용량 RFID 제품정보를 효과적으로 관리하기 위해서는 데이터웨어하우스의 도입이 더욱 필요해질 것이며, 기존 정보시스템과 통합하여 유통 및 마케팅 전략의 수립에 필요한 다양한 정형적/비정형적 분석정보를 제공할 수 있다.

전자결제기능

B2B, B2C 전자상거래가 확대되면서 전자결제는 이제 보편적인 일이 되고 있다. 그런데 기업 간에 이동하는 제품 정보를 관리하는 RFID기술이 전자결제기능을 흡수한다면 제품의 물리적 이동(입고, 출고 등),

즉 이벤트와 동시에 전자결제가 이루어질 수 있도록 할 수 있다.

(5) 시범사업의 발굴과 추진

산업자원부와 정보통신부(현 지식경제부)는 이미 수도권에 위치한 대기업을 중심으로 RFID 시범사업들을 성공적으로 시행해 왔다.

산업자원부는 지난 2004년에 현대모비스 아산 물류센터-부산항-두바이항-현대모비스RDC를 연결하는 수출 A/S용 자동차부품의 운송에 RFID 기술을 적용한 SCM(공급망관리)의 구축을 시험한 바 있었으며, 2005년에는 삼성테스코 물류센터, 홈플러스, 제조업체(유한킴벌리, 동서식품), KPP(한국파레트풀)가 공동으로 참여한 물류혁신시범사업에 RFID기술을 적용하여 소기의 성과를 거둔 바 있다.

대구시와 경북도가 공동으로 RFID기술을 지역 산업의 유통 · 물류관리에 적용하는 시범사업을 추진할 필요가 있다. 이 사업의 성공은 향후 u-물류관리 인프라 구축을 선도할 챔피언 프로젝트가 될 수 있을 것이다. 시범사업을 위한 업종 선정은 매우 신중해야 할 사안이다. 사업의 성공을 통하여 얻게 될 파급효과가 큰 업종을 선택하여야 하며, 제조업, 유통업, 물류업자를 연결하는 특정 공급망(supply chain)을 선별하여 RFID 기술을 적용한 u-물류관리 인프라를 시범적으로 구축할 필요가 있다. 외국의 경우, RFID 기술을 도입하여 큰 효과를 거두고 있는 대형 유통업체는 자사에 제품을 공급하는 제조업체를 대상으로 자사의 강한 협상력(bargain power)을 바탕으로 RFID부착을 의무화하는 방식으로 공급망 전체에 신기술의 도입을 압박한다는 점을 참조할 필요가 있다(별첨자료 <표 6> 참조). 따라서 RFID기술을 도입할 때 총 투자금액의 상당부분을 감당할 수 있으며 협력업체를 향한 강한 협상력을 지닌 대기업 또는 중견기업이나 또는 대기업 자회사가 컨소시엄에 참여하고 관련 협력업체와 물류회사 그리고 시 및 도 정부가 공동 참여하는 것이 바람직할 것이다.

대상 기업들은 자동차 제조사(현대, 기아, 대우 등)와 이들에게 원자재를 공급하는 1, 2차 자동차부품 하청업체를 묶는 공급망이 될 수도 있으며, 직물업체, 패션의류업체, 유통업체(백화점, 할인점 등)를 묶는 공급망을 선택할 수도 있다. RFID기술의 도입으로 가장 큰 효과를 거둘 수 있는 공급망을 선택하는 일은 해당 업종 내 기업들의 정보화 및 u-인프라의 수준, CEO들의 정보화 마인드, RFID기술의 환경 적합도를 함께 고려해야 할 것이다.

RFID/EPC의 도입은 한 두 기업과 정부의 노력으로 가능한 것이 아니라 산업계 전반에 걸친 협업이 필수적이란 점에서 관련 산업계의 커뮤니티를 구성해야 하며 이를 통한 시범사업 참여업체들 간에 굳건한 파트너십과 상호신뢰가 요구된다. 이를 위해서는 상호이해를 공유해야 하는 납품업체(제조업체, 도소매상), 창고업체, 포장업체, 선사, 운송회사, 유통업체(도소매 업체)간의 합의도출과 모두가 윈-윈 할 수 있는 형태의 컨소시엄과 출자방식이 결정되어야 한다.

이러한 시범사업의 학습효과로는 첫째, RFID 원천 기술력의 확보도 중요하지만 이를 산업 현장에 적용하는 일은 또 다른 차원의 문제이다. 우리나라의 원천기술의 한계를 기업의 업무 프로세스의 조정으로 보완해야 할 필요가 있으며 이는 기업의 정보시스템과 공급망의 첨단화를 통해 가능하다. 아울러 유비쿼터스 기술의 적용 능력을 배양할 기회가 생겨 해결해야 하는 구체적인 기술적 과제를 파악할 수 있다는 이점이 있다. 둘째, 시범사업의 성공이 국제사회에 알려지게 되면 지역 물류기업들과 RFID 관련 벤처 기업들이 국제 기술 시장에 참여할 수 있는 기회를 얻게 되며 국제표준화의 흐름에 자연스럽게 합류할 수 있는 이점도 있다.

(5) 물류산업의 고부가가치화

지역의 물류서비스의 열악성을 극복하기 위해 "종합물류서비스기업(가칭)"을 중심으로 물류아웃소싱 전략 모델을 개발할 필요가 있다. 종합물류서비스기업은 고도의 전문성을 갖추고 첨단 IT를 적극적으로 활용하여 국내물류 뿐만 아니라 국제물류까지 담당하는 주체라 할 수 있다. 이 종합물류서비스기업은 '경영관리서비스'를 제공하고 화주와는 서비스협정을 통해 다양한 서비스를 제공하고, 화주기업의 공급망 내부에서 가치창출을 가능하게 하는 물류아웃소싱 전략을 개발하도록 지원하고 기업의 규모와 특성에 적합한 물류공급업자를 연결시켜주는 역할을 해야 한다(이영수와 이종학, 2004).

보관 · 창고업을 제3자 물류서비스화 하면 기업들이 아웃소싱을 쉽게 할 수 있는 여건이 조성된다(이재민. 서상범, 2004). Lieb and Brooks (2004)의 연구는 물류아웃소싱을 통하여 개별 기업의 물류비, 고객만족도, 물류서비스 수준의 향상 등의 이점을 얻을 수 있으며, 제3자 물류가 기업물류비 절감과 물류서비스 개선에 기여한 정도를 기능별로 보면 보관 · 창고업(Warehouse Management)이 가장 큰 것으로 보고하고 있다. 일본의 예에서도 볼 수 있듯이 종합물류업체의 육성은 물류의 경쟁력을 높이는데 크게 기여할 것이다(서상범, 김태승, 김용진, 2004).

최근 선진국의 수출입 화주 및 국제물류기업들은 물류시스템의 최적화를 통한 물류비 절감과 신속한 고객대응을 위하여 부가가치 물류활동을 내륙보다는 항만과 공항과 같은 국제물류거점에서 수행하는 SCM적 접근방식을 적극적으로 도입하고 있다. 이에 영일만 신항권의 개발에 이어 항만배후단지를 개발하여 부가가치물류활동을 수행할 수 있는 항만개발의 제안은 시의적절하다(하영석, 고용기, 2005). 이러한 항만은 시장과 고객에게 신속하고 유연하게 대응할 수 있는, 즉 주문생산 전략에 응할 수 있는 고도화된 물류체계로써 최소한의 원자재, 반제품, 부품, 완제품을 주문에 따라 즉시 공급함으로써 총 리드타임을 단축할 수 있도록 하는 종합물류체계라 할 수 있다.

영일만 신항의 배후단지는 고용창출 및 국가경제에 기여할 수 있는 지식산업형, 부가가치 물류산업 등을 유치하는 지역경제 활성화에 기여할 수 있다. 즉 조립가공형 산업으로는 전자, 정보, 반도체, 생물 산업, 음식료 가공업 등을 들 수 있으며, 물류산업은 기본적인 물류서비스 외에 전문물류업체, 보험, 금융, 컨설팅업체 등 지식산업까지 포함된 물류기업을 유치할 필요가 있다.

이러한 고부가가치 물류산업은 RFID/USN 기술이 포함된 유비쿼터스 기술이 접목된 인프라가 지원되어야 한다. RFID/USN 기술을 접목한 첨단물류 시설 · 장비 · 시스템 기술 개발을 지원하고 첨단화물운송시스템 구축을 통해 화물 및 화물차량의 위치를 추적하여 공차 운행을 최소하고 효율적인 운행계획을 수립함으로써 물류원가를 최소화할 수 있는 환경을 조성해 나가야 한다.

(6) 물류 전문교육기관의 육성

지역의 물류혁신전략을 위해서는 고급 전문 인력이 필요하다. 특히 물류정보화에는 물류이론, IT 그리고 네트워크에 대한 전문지식을 가진 고급인력이 필요하고 이를 육성하기 위한 전문교육기관이 반드시 필요하다.

지역에는 물류를 전문적으로 연구하고 교육하는 연구기관이나 대학원급의 교육기관이 없다. 지역의 4년제 대학에서는 경영학, 산업공학,

교통공학 등의 학과에서 물류와 관련된 과목을 일부 가르치고 있으나 전문성에도 미달할 뿐만 아니라 전문적 학위를 수여하지도 않는다. 인천에 소재한 인하대학교는 아태물류학부와 물류전문대학원을 두고 있다. 특히 물류전문대학원은 글로벌물류전문석사, 물류학 학술석사 및 박사과정, 물류전문석사, 글로벌물류비즈니스 최고경영자과정을 개설하여 물류전문가를 체계적으로 양성하고 있는 모습을 벤치마킹할 필요가 있다.

(7) **물류관리 설비기술 및 상품정보의 표준화**

물류정보시스템이 제대로 그 기능을 발휘하기 위해서는 먼저 상품정보코드의 표준화와 물류설비의 규격화를 추진해야 한다. 그리고 각 시스템의 연결을 용이하게 할 수 있는 기반을 정비할 필요가 있다(정봉현 2005). 이를 위해 미국과 유럽처럼 제조업체, 유통업체 및 물류업체 간에 협력체계와 정보교환 표준체계의 구축이 선행되어야 한다. 상품정보 표준화 문제는 제일모직, 스쿨룩스, 킴스-클라크 사례에서도 제기되었다. 의류제조업체, 대리점 그리고 백화점들이 각기 사용하는 상품정보 체계가 달라서 RFID시스템의 도입을 통한 e-SCM의 구축에 걸림돌이 되었던 것이다. <그림 9-4>는 물류정보시스템의 구축을 위해 정비해야 할 기반(인프라)을 요약해서 보여주고 있다.

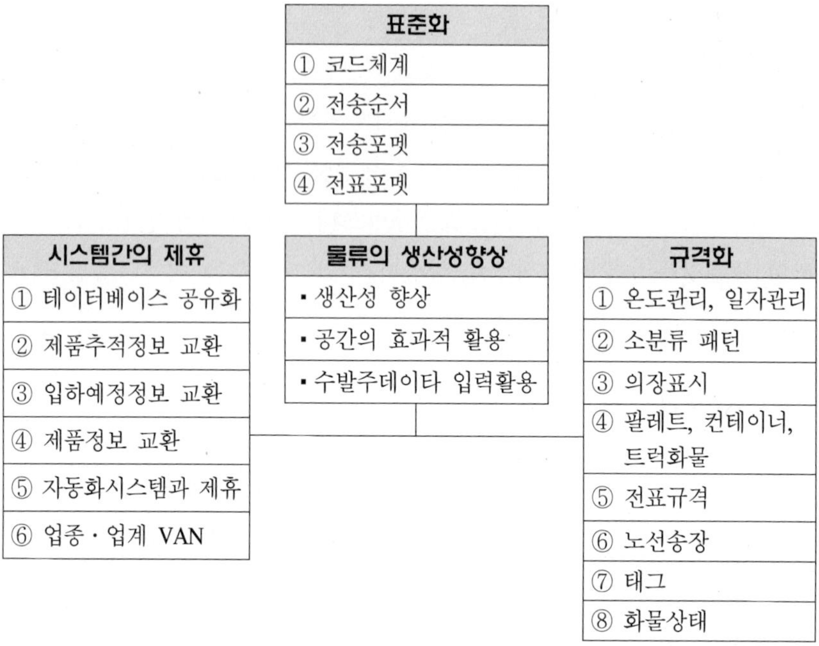

그림 9-4 물류정보시스템의 기반정비

월마트, 테스코, 메트로 등 초대형 유통업체와 P&G, 질레트, 휴렛패커드 등 세계 최고의 소비재 생산업체들이 중심이 된 세계 민간협의체가 RFID 기술을 유통 및 물류분야에 도입하면서 국제표준화를 선도하고 있으며, 국내에서도 이마트, 홈플러스, 롯데마트 등의 대형 할인점 및 유통점들로 구성된 소비자 그룹과 솔루션 밴더들로 구성된 공급자 그룹 사이에 진행되고 있는 표준화 연대에 대구 · 경북의 유관 기관들도 적극 참여할 필요가 있다. 이 때 지역의 포항제철이 추진한 물류표준화 경험을 참조할 필요가 있다.

KS파렛트 및 KS포장규격 등 물류표준화 수준을 높여야 한다. 이를 위해서는 표준화된 물류기기 및 장비와의 정합성을 고려하여 우선 물류기반시설의 표준화가 선행되어야 한다. 즉 칠곡 '영남권 내륙화물기지(복합화물터미널)'를 설계할 때부터 물류설비 표준인증제도에 맞게 물류기반시설을 구축하여야 한다. 아울러 물류설비 표준인증마크 획득, KS파렛트 및 KS포장규격 활동 등 물류표준화에 적극 협조하는 업체에 (지방)정부는 인센티브를 제공할 필요가 있다. 이를 위해 정부가 추진 중인 물류표준화 자금지원제도인 화물유통촉진법에 의한 물류표준화 소요자금과 산업발전법에 의한 산업기반자금 등을 연계할 필요가 있을 것이다.

RFID/EPC의 유통물류 분야 도입과 관련된 해외 활동의 특징을 보면 글로벌 대형 기업들의 협의체가 표준과 변화를 주도하고 있다는 사실이다. GS1(Global Standard One), EPCglobal, GCI(Global Commerce Initiative), ECR 등이 바로 그런 단체에 해당되는데, 이 단체들의 의사결정은 "사실상 표준"의 효력을 보이고 있다. 'GS1'은 전 세계 106개국 100만개 기업이 가입한 민간기구로, 바코드, RFID, 전자문서의 국제표준을 개발·보급하는 일을 하고 있다. 이러한 글로벌 기업과 표준화 기관들이 주도하는 표준화 동향을 면밀히 주시하고 각종 RFID 기술 및 애플리케이션을 개발할 때 이러한 표준들이 준수될 수 있도록 u-물류관리 기술개발의 방향을 잡아가야 할 것이다. 2007년 5월에 'GS1' (Global Standard 1) 총회가 서울에서 열렸으며, 기업 간에 RFID를 이용해 제품 정보를 교환할 수 있는 기술 표준인 '전자상품코드 정보서비스(EPCIS)를 공식 확정, 발표되었음을 참조할 필요가 있다.

4 ―시범사업 방안

Poirier and McCullum (2006)은 RFID 기술과 같은 고위험 프로젝트의 성공률을 높이기 위해 공동사업 파일럿 방식을 제시한 바 있었다. 성공적인 RFID 구현을 위해 기업 상호간 지원과 협업을 하는 것으로서 여기에서 말하고자 하는 시범사업도 공동사업 파일럿의 일종으로 볼 수 있다. 미 국방부는 방위산업체, 공급업체, RFID 기술 관련 기업, 물류전문기업들을 초기 시범사업에 참여시켰다.

시범사업의 성공은 향후 지역의 물류관리 부분의 유비쿼터스화의 시금석이 될 뿐만 아니라 RFID/USN 및 관련 기술의 발전에도 많은 기여를 할 것이다. 따라서 시범사업의 대상 업종이나 기업의 선택은 전략적으로 매우 중요하다. 특히 경영 관점에서 RFID역량을 극대화하기 위해서는 단일 기업이 아닌 기업 그룹을 묶어 수익을 창출할 수 있는 비즈니스 모델을 창출해야 한다. 이러한 모델에는 기업들이 공유하는 SCM, ERP, 생산/재고관리 및 창고관리 시스템 등이 포함되어야 한다. 시범사업대상의 선정을 위한 기본 전제는 다음과 같다.

- 대구와 경북의 강점을 연계하며, 두 지역의 경제에 공히 긍정적인 영향을 줄 수 있는 업종이어야 한다.
- 공급망의 혁신을 주도할 역량이 있는 지역의 대기업 또는 중견기업을 중심으로 하는 공급망(supply chain)으로 묶여 있는 기업들을 대상으로 한다.
- 참여하는 이해당사자가 모두 윈-윈 할 수 있는 협력체계의 구축이 전제되어야 한다.

- 현재 RFID/USN의 기술의 한계(태그 인식률 문제 등)를 비교적 쉽게 극복할 수 상품 아이템이어야 한다.

여러 업종내 기업들의 물류담당자를 인터뷰한 결과, 대상 업종은 자동차 제조사(현대, 기아, 대우 등)와 이들에게 원자재를 공급하는 1, 2차 자동차부품 하청업체를 묶는 '자동차 제조업군', 직물업체, 패션의류업체, 유통업체(백화점, 할인점 등)를 묶는 '의류제조 · 유통업군', 안경 제조업체, 유통업체(백화점, 할인점)를 묶는 '안경제조 · 유통업군' 등이 있었다. '자동차 제조업군'은 2004년에 현대모비스 아산 물류센터-부산항-두바이항-현대모비스RDC를 연결하는 수출 A/S용 자동차부품의 운송에 RFID 기술을 적용한 SCM(공급망관리)의 구축을 시험한 바 있었으나 국내 공급망에 적용한 사례는 아직 없으며, 개별 부품(금속 및 플라스틱)에 RFID 태그를 부착하는 것이 아직 용이하지 않으며, 현대모비스와 같은 대기업은 자력으로 SCM을 기반으로 한 u-물류관리 인프라를 구축할 수 있다는 점에서 제외하였다. '안경유통업군'은 아직 RFID기술 적용을 시도한 적이 없으며, 안경 단품을 처리 대상으로 할지 아니면 Box단위로 RFID 태그의 부착할지에 대한 결정이 쉽지 않으며, 그로 인해 수반되는 높은 위험부담 때문에 제외하였다. 이 책에서는 '의류제조 · 유통업군'을 u-물류관리 인프라의 시범사업 대상을 제안하였다. 의류제조와 유통은 대구지역의 주요 업종의 하나여서 물동량이 많으며, 제일모직과 같은 대기업이 실험적 프로젝트를 시행한 바 있어 참고할 수 있는 노하우가 많이 있다. 예를 들어 D백화점과 거래를 하고 있는 의류업체들은 모두 39업체로써 2007년 기준으로 매년 거래되는 단품은 110,557개이며 매출액은 183억원에 달한다(별첨자료 <표 8>참조). 이를 다른 백화점과 소매점들이 거래하는 의류량에 더한다면 의류에 적합한 RFID 태그와 리더기의 개발과 양산의 경제성을 충분히 맞출 수 있는 수량으로 볼 수 있다. 아울러 장기간의 밀라노 프로젝트의 추진으로 섬유관련 기업들의 정보화도 타 업종에 비해 앞서 있을 것이라는 점도 고려되었다.

1) 의류제조 · 유통업군의 범위

패션의류사업은 소비에 대한 신속한 대응이 매우 중요하다. 패션업계는 소비자의 반응을 보고 생산 및 유통에 나서는 시스템을 정립해 재고 줄이기에 사활을 걸고 있으며, 이에 따라 즉시반응생산(QR: quick response)의 중요성이 더욱 부각되고 있는 분야이다. 제일모직은 '재고와의 전쟁'을 선포, 기획에서 생산까지 한 달여 안에 끝내는 반응생산제를 적극 도입했다. 일반적으로 아이템 기획에서 생산까지 3～4개월이 소요되지만 전 물량의 생산과정을 1개월 이내로 줄여 실질적인 판매량을 늘렸다. LG패션도 5년 전부터 매장 창고를 축소하고 물류량을 통합 관리하는 전산시스템을 도입, 계절별 생산물량의 70%만 제작하고 30%는 '반응생산'을 통해 만드는 형태를 운영하고 있다. 즉시반응생산의 큰 축의 하나는 재고정보의 공유를 통한 e-SCM의 구축이다.

의류제조 및 유통업의 프로세스 및 시범사업의 범위를 살펴보면 <그림 9-5>와 같다. 의류제조업체는 시장조사와 트랜드 분석을 근거로 다가오는 시즌을 위한 의류를 디자인하고 생산량을 결정한다. 그런 다음 직접 봉제시설을 가지고 생산을 하거나 아니면 디자인 및 봉제 · 가공정보를 봉제 전문업체로 보내 아웃소싱을 하기도 한다. 완성품은 송장(매출전표)과 함께 유통업체에 배달되며, 유통업체 내 각 매장의 POS가 집계한 판매량과 재고정보를 유통업체와 의류제조업체가 공유함으로서 생산계획을 수립하며, 주문시스템은 재고수준과 판매량을 근거로 한 수요예측을 근거로 의류제조업체에 주문을 보낸다. 따라서 제안할 시범사업의 범위는 굵은 선으로 된 타원에 속한 조직들이다.

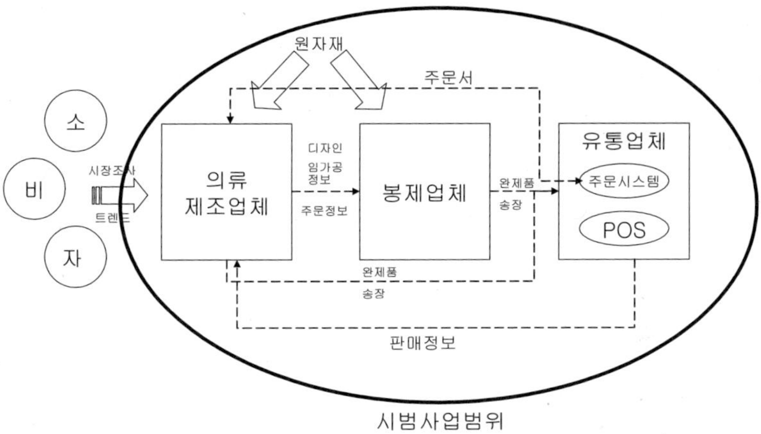

그림 9-5 의류제조 및 유통 프로세스 및 시범사업의 범위

시범사업의 범위에 근거할 때, 지역의 두 백화점(대백, 동아), 이 두 백화점에 의류를 납품하는 소규모 지역 의류업체들(자체 물류시스템에 의해 운영되는 메이저 업체는 제외), 운송업체, RFID/USN 관련 업체를 본 시범사업에 포함할 수 있다.

2) 의류제조 · 유통업군의 u-물류관리 인프라

<그림 9-6>은 의류제조 · 유통업군의 u-물류관리 인프라의 개괄도를 보여 준다.

의류제조업체는 봉제와 가공을 자체적으로 하는 업체와 아웃소싱하는 업체로 나누었다. 의류제조업체는 CAD를 이용하여 의류를 디자인한 후, 생산을 위해 디자인 및 봉제정보를 외부의 봉제업체나 자신의

생산현장으로 보낸다. 그런 다음, 다음의 유통과정을 거친다.

1. 봉재 · 가공 : 디자인 및 봉제가공정보 그리고 주문정보에 근거하여 의류를 생산한다.
2. RFID 태그부착 : 상품정보가 입력된 RFID 태그를 각 상품의 상표에 부착한 후 행거(hanger)에 건다.
3. 창고보관 : 행거가 리더기를 통과하면서 창고에 보관될 제품들은 재고DB에 등록된다.
4. 상품출하 : 행거가 리더기를 통과하면서 출하될 상품DB에 등록된다. 출하될 유통업체와 수량에 관한 정보가 자동으로 업데이트된다.

유통업체(백화점)에 도착한 상품은 매장별로 나뉘어져 전달된다. 배달된 행거(의류)들은 각 매장에 비치된 리더기를 통과하면서 매장의 상품DB에 자동 등록된다. 아울러 입고된 상품내역과 주문한 상품내역의 일치여부를 프로그램은 자동 검토할 수 있다. 의류제조업체, 봉제업체, 백화점의 매장들은 극초단파의 주파수인 860~960MHz대역으로 3m이상의 인식거리를 가진 수동형 RFID 태그를 센싱할 수 있는 리더기가 비치되어야 할 것이다.

영업이 시작되어 상품이 판매될 때마다 POS를 통하여 매장의 상품재고 DB는 주기적으로 업데이트 되며 이 정보는 의류제조업체와 공유할 수 있어 실시간으로 상품의 판매현황을 확인할 수 있어 제품 및 생산계획에 반영할 수 있다. 제일모직 사례에서 볼 수 있듯이 RFID 태그를 인식하는 키오스크 또는 디스플레이가 비치되면 판매원이나 고객이 태그가 부착된 의류의 특징과 재고정보를 그 자리에 바로 확인할 수 있어 판매자와 구매자를 도울 수 있다. 매장의 POS시스템은 유통업체의 ERP와 연결되어 있기 때문에 각 매장의 판매량을 유통업체가 정확하게 집계할 수 있어 정산에 활용될 수 있다. 현재 POS시스템은 바코드 스캐너를 주로 사용하고 있기 때문에 RFID 리더기와 POS시스템을 연결하는 미들웨어의 개발도 필요할 것이다. Rewrite할 수 있는 태그를 사용할 수 있다면 (가격이 비쌀 것이다) 매장에 비치된 태그 인코딩기기가 세일 품목의 정보를 다운받아 해당 의류의 태그 내용을 변경할 수도 있어 일반 및 세일 품목을 구분하여 관리할 수 있으며 재고의 리사이클 주기도 단축할 수 있을 것이다.

RFID 태그는 도난방지 목적으로도 활용될 수 있다. American Apparel사는 2010년 1월, 6개의 플로리다 상점의 출입구에 RFID 게이트를 설치할 예정이다. 게이트는 보안태그에 저장되어 있는 EPC Gen 2 RFID 태그를 읽어 지불되지 않은 아이템을 게이트 밖으로 가져나갈 경우 경고음을 울린다. 하지만 이런 서비스와 태그를 제공할 수 있는 업체를 아직 찾지 못하고 있다.[26)]

---

26) Swedberg, C., "American Apparel Adds RFID to Two More Stores," RFID Journal, Jan. 2010, www.rfidjournal.com.

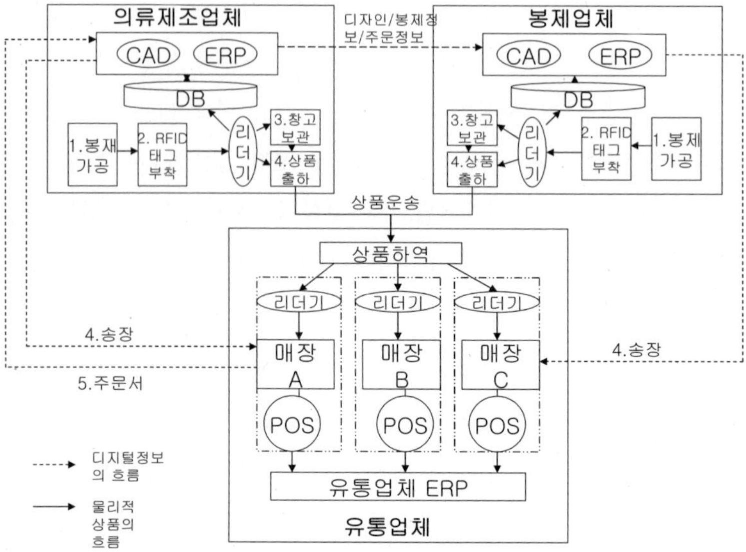

그림 9-6 의류제조·유통업군의 u-물류관리 인프라

3) 사업 주체별 역할분담

업계측

u-물류관리 인프라가 효과를 발휘하기 위해서는 이를 이용할 사용자 기업들의 정보화 수준이 향상되어야 하고 내부조직기능의 정비가 요구된다. u-인프라를 통하여 생성되는 디지털 정보를 프린트해서 단순히 업무에 참조만 한다거나 기존의 MIS와 호환이 어려워 데이터를 수작업으로 다시 입력해야 한다면 u-인프라의 효과는 반감될 것이다. 뿐만 아니라 u-인프라의 효과를 극대화하기 위해서는 단순히 정보시스템의 구축으로 끝날 것이 아니라 기존의 업무처리절차를 합리화하고 이를 지원하는 업무체계를 정립하는 일도 필요하다. 이를 위해서는 기존 업무처리절차에 대한 BPR(business process reengineering)혁신이 선행될 필

요가 있다. 따라서 u-인프라와 연계된 물류정보화를 기업경영혁신의 한 수단으로 생각하여 최고경영자가 이의 필요성을 인식하도록 도입효과에 대한 공감대 형성이 중요하다(정봉현 2005).

시범사업을 주도할 유통업체들은 중소 의류업체들을 가치사슬(value chain)의 일원으로 인정하고 u-물류관리 인프라의 도입으로 얻을 수 있는 이익을 공유하고자 하는 자세를 가져야 한다. 중소 의류업체가 신기술을 거부하는 경우, 그 이유를 이해하고 신기술의 도입으로 가치사슬(의류제조 · 유통업군) 전체가 얻을 수 있는 이익을 들어 설득할 필요가 있다. u-물류관리 인프라를 통해 유통업체는 입점해 있는 의류소매점들의 거래가 더욱 투명해지는 이점을 얻을 수 있는 한편, 의류제조업체는 즉시반응체제의 구축으로 시장의 변화에 신속하게 대응할 수 있어 재고 사이클의 단축, 재고절감, 정확한 재고정보의 효과를 얻을 수 있을 것이다.

사업자측

u-물류관리 인프라의 핵심과제의 하나는 물류관련 기관들의 정보시스템을 유 · 무선 네트워크로 연결하여 디지털 정보를 공유하는 인프라를 형성하는 일이다. 이를 위해서는 제조업체, 유통업체, 물류업체들이 진정한 정보적 동반자 관계(information partnership)를 형성할 필요가 한다. 이 사업을 추진할 제3의 조직은 이해당사자들의 개별적 목적, 가정 그리고 한계점을 인식하여 이를 조율하고 협력하고 상호주의 원칙에 근거한 협력모델을 제시할 수 있어야 한다. u-인프라는 철저하게 사용자 위주의 서비스를 제공하는 인프라가 되어야 하며, 신뢰성, 안정성, 보안성 그리고 호환성이 확보될 수 있어야 한다.

이러한 역할을 할 수 있는 주체로서는 대구광역시가 2004년에 제안한 바 있는 '물류정보센터'를 들 수 있다(대구광역시, 2004, 326). 대구시의 각 물류거점과 지구물류시설별로 설치될 '물류정보센터'는 국가종합물류정보망과 연계한 물류정보망 및 EDI의 활용을 촉진하고 거점 및 지구물류시설 내 입주업체들의 물류정보를 수집 · 가공 · 제공하여 기업들의 물류경쟁력을 향상시킬 수 있을 것이다(대구광역시 2004, 327).

'물류정보센터'의 건립은 상당한 시일이 소요되어 사업의 주체가 되기 어렵다면, 유통업체(동아백화점과 대구백화점), 중 · 소 의류제조업체(또는 협회), RFID 관련 하드웨어 및 솔루션기업들이 컨소시엄을 형성하여 사업의 주체가 될 수 있을 것이다. 컨소시엄은 참여 기업들로 하여금 정부의 '유통물류합리화자금'과 유통산업합리화 시설에 적용되는 세제감면 혜택을 활용하면서 시범사업에 참여할 수 있도록 할 수 있다.

정부측

지식경제부는 필요한 법률을 제정하고 정비하여야 한다. 예를 들어, 전자문서의 효력을 규정하거나 EPC(전자제품코드)의 사용과 관련한 기본법규의 신설 · 개정이 필요할 것이다. 정부는 특정 표준이 u-인프라에 적용될 수 있도록 어느 정도의 강제성을 도입할 필요도 있으나, 정부의 역할은 민간업체 중심으로 u-인프라의 표준화가 추진될 수 있는 제반 환경의 조성에 국한되어야 할 것이다.

대구시와 경상북도는 컨소시엄의 조직에 촉매자 역할을 수행하여야 하며, 특정 전담사업자, 이해당사자, 또는 업종이 불공정한 이익을 수혜하는 일이 발생하지 않도록 하며, 사업자의 서비스능력에 따라 자연스럽게 시장질서가 형성되어 독과점의 폐해가 발생하지 않도록 할 필요가 있다. 유통업체와 의류제조업체 그리고 RFID 관련 IT기업들이 u-물류관리 인프라와 물류정보시스템의 구축에 동참할 수 있도록 인센티브 제공, 교육 · 훈련의 지원, 홍보, 사용자 마인드의 조성, 시범사업의 추진 및 기술개발 등 정책 · 제도적인 지원대책의 실시로 물류정보시장의 활성화를 유도해야 할 것이다.

지식경제부는 2012년까지 매년 6개씩 36개의 U(유비쿼터스)서비스 모델을 발굴하여 전국 시 · 도에 테스트베드를 구축할 계획이다. 이미 대구시는 U-헬스, 경북도는 U-Farming부분을 추진할 계획인 바, 이러한 중앙정부의 지원방안을 u-물류관리 인프라의 구축과 연계하여 활용할 필요가 있다, 특히 경북이 한국전산원으로부터 지정받은 u-Farming 분야는 영농 재배환경의 선진화를 위한 재배시설의 리모트 콘트롤 시스템 개발, 안전한 먹거리 제공을 위한 유통의 신뢰성 확보 및 물류의 추적기능(Traceability)에 RFID기술을 적극 적용하고 있다. 이러한 시범 프로젝트는 적절하게 관리되고 그 결과는 평가되어, 의류제조 · 유통업군의 u-물류관리 인프라 시범사업의 기획과 집행에 적극 반영되어야 할 것이다.

4) 한계점

이러한 추진조직을 중심으로 u-물류관리 인프라를 추진함에 있어 많은 한계점이 있을 수 있다. 첫째, u-물류관리 인프라를 구축함에 따라 의류제조업체와 유통업체간의 거래내역은 더욱 투명해질 것이다. 유통업체(백화점)는 매장에서 의류제조업체가 판매한 금액을 근거로 커미션을 계산하는 경우가 많기 때문에 거래 정보가 투명해지는 것을 반길 수 있지만, 의류제조업체는 세원이 더욱 투명하게 포착되는 등의 불이익을 두려워할 수 있다. 이러한 이익과 불이익에 대한 입장 차이는 개별기업들이 신기술을 받아들이는데 부정적인 영향을 미칠 수 있을 것이다. 둘째, 지금까지 행거에 부착하는 태그는 많이 있었지만 의류의 라벨에 부착할 수 있는 RFID 태그와 재사용이 가능한 수동형 Read/Write태그의 활용은 활성화되지 않았다. 특수 태그를 출력하는 프린트기를 생산하는 바이텍테크놀로지(국내업체)가 이런 서비스를 제공할 수 있을 것이다. 그리고 태그를 재사용할 경우 태그의 원활한 리사이클링을 가능하게 하는 리사이클링 인프라도 갖출 필요가 있다.

5 결론 및 시사점

1) 시범사업의 경제적 연관성

2006년 12월 경북도는 정부로부터 RFID/USN 분야의 '2006 지역 IT 특화연구소' 사업 대상으로 선정되었다. RFID/USN 분야는 차세대 국가 신성장 동력산업의 하나로 철강, 섬유, 자동차부품산업, 농수산업, 문화관광 등 RFID를 적용할 수 있는 분야는 무궁무진하다. 이 사업의 유치를 계기로 경북도는 구미~경산을 중심으로 한 RFID산업 클러스터를 형성해 국내 최대 모바일 집적지인 구미지역의 모바일 RFID산업과 경산~영천 간 자동차 RFID산업, 포항의 철강 물류 RFID산업 등과 연계해 국내 최대의 RFID 소프트웨어 산업거점으로 도약시킨다는 계획을 가지고 있다. 이 책이 제안한 의류제조·유통업군의 u-물류관리 인프라 시범사업은 경북도가 현재 야심차게 추진하고 있는 RFID/USN 기술분야를 대구의 주력업종이라 할 수 있는 패션산업-유통산업의 물류혁신에 접목한다는 점에서 대구·경북을 경제적으로 통합할 수 있는 실질적 사업이 될 수 있을 것이다.

RFID 기술의 수요를 촉발할 수 있는 지역의 중견 수요기업이 거의 없는 상황에서 매년 지역에서 제조되는 수십만 점에 이르는 의류에 부착되는 RFID 태그의 생산, 수백 업체에 설치될 리더기의 수요, 관련 미들웨어와 애플리케이션의 개발을 감안하면 u-물류관리 인프라의 실현으로 현실화될 수 있는 경제적 파급효과는 매우 크다고 할 수 있다. RFID 관련 하드웨어(칩, 태그, 안테나, 리더기, 네트워크 장비 등)를 생산하는 제조업의 활성화를 기대할 수 있으며, 미들웨어 및 패키지 소프트웨어를 개발하는 중·소규모의 IT기업들에게 새로운 사업적 기회를 제공할 수 있으며, 하드웨어, 소프트웨어 및 통신 서비스간의 시스템 통합(SI) 분야 및 네트워크 솔루션 및 통신서비스 분야에서 새로운 비즈니스가 창출될 것이다. 지역 업체들이 u-물류관리 인프라의 구축으로 얻게 될 경험과 노하우는 향후 국내 시장은 물론 세계시장에서도 활용할 수 있는 고부가가치 지적자산이 될 수 있을 것이다.

시범사업이 성공하면 컨소시엄에 참여한 유통업체, 의류제조업체, RFID 관련 IT업체 등에 자신감을 심어줄 것이며, 타 업종에도 u-물류관리 인프라를 확산하는 동기가 될 것이다. 지역의 주력 업종들인 A/S용 자동차부품(자동차부품제조사-부품대리점), 안경(제조업체-유통업체), 양산(제조업체-도매업체-소매업체)의 물류가 향후 u-물류관리 인프라의 적용대상이 될 수 있을 것이다. 그리고 의류제조·유통업군의 u-물류관리 인프라를 통하여 축적된 기술과 노하우는 지역의 다른 업종에의 u-물류관리 인프라의 구축에도 적극적으로 활용될 수 있을 것이다.

궁극적으로 이러한 파급효과는 대구·경북지역의 물류산업의 전문화와 물류 혁신을 주도할 '대구·경북 물류정보센터(가칭)'의 필요성으로 이어질 수 있을 것이며, 지역의 대학들이 물류를 전문적으로 교육하는 학과, 대학원 프로그램, 전문가과정의 신설로 이어질 수 있을 것이다.

2) 가치사슬의 SCM 혁신으로 경쟁력 강화

패션·의류제조업은 지역의 주력 업종 중에 하나이다. u-물류관리 인프라는 지역의 유통업체, 의류제조업체, 봉제업체, 운송업체를 하나의 가치사슬(value chain)로 묶어 정보공유를 확대하며 이로써 시장의 변화에 신속하게 대응할 수 있는 신경망 시스템을 갖추게 된다. 시장에서 감지되는 트렌트와 수요 변화를 의류제조업체가 즉시 감지하여 신속하게 제품기획과 생산계획에 반영하여 소비자들에게 보다 나은 서비스를 제공하고, 재고를 최소화할 수 있는 즉시 대응(Quick Response)형 생산-유통시스템의 구축을 앞당길 수 있게 한다.

오늘날 기업은 개별 기업의 경쟁력으로 글로벌 시장에서 경쟁하기보다 공급망(supply chain)에 묶여 운명을 같이하는 기업, 협력업체, 고객(기업)이 연합하여 창출하는 그룹의 경쟁력으로 경쟁하는 시대라고 할 수 있다. u-물류관리 인프라는 유통업체, 의류제조업체, 봉제업체, 운송업체를 묶는 공급망에 정보를 신속하게 유통시키는 강력한 전자채널 플랫폼이 될 것이며, 정보의 유통과 공유를 위해 요구되는 각종 미들웨어, 개별기업의 정보시스템(MIS)과의 연계와 추가되는 정보를 활용하기 위한 애플리케이션들의 개발은 중소 의류제조업체의 정보화를 향상시켜 경영혁신에 크게 일조할 것이다.

u-물류관리 인프라는 유통업체, 의류제조업체, 봉제업체, 운송업체를 묶는 SCM의 구축을 가능하게 할 것이며, 이로 인해 유통 및 물류활동에 있어 불필요한 활동들이 제거되는 업무 프로세스의 혁신을 가져올 것이다. 업무 프로세스의 혁신으로 기업들은 현장의 정보를 더 신속하

게 취합하여 생산계획과 구매계획에 반영할 수 있어 경영전반의 혁신을 앞당길 수 있다.

결론적으로 u-물류관리 인프라의 구축은 역내 기업들의 가치사슬을 전자적 정보채널로 더욱 공고하게 묶어줌으로써 물류정보의 공유를 증대시키고, 물류 및 유통서비스의 질과 속도를 높여 지역 산업의 경쟁력 향상에 크게 이바지할 수 있을 것이다. 결론적으로 Gadh(2004)는 당사자들이 RFID 기술의 미흡함에 순응하고 초기 비용을 어느 정도 분담하면 기업들은 u-SCM에서 제품이 생산되고, 유통되고, 소비되기까지의 전 과정을 추적관리 할 수 있게 되어 결국 만족할만한 투자대비수익률을 확보할 것이라고 하였다.

참고문헌

고칠진, "국가물류정책과 기술개발 방향," 교통기술과 정책, 4권 2호 (2007년 6월), pp. 33-47.

대구광역시, 대구광역시 도시물류기본계획, 2004.12.

대구광역시, **U**-대구지역 정보화 마스터 플랜 완료보고서, 2006년 12월.

로지스틱스21, 물류관리론 **2006**, 한국물류정보서비스, 2006.

박용재, 임명환, "RFID 기술의 인식, 채택, 실행별 영향요인 분석," 경영과학, 26권 3호(2009년 11월), pp. 205-221.

박정은, 유통혁신을 위한 유비쿼터스 **IT** 전략, 유비쿼터스사회연구시리즈 23호, 한국정보사회진흥원, 2006. 12.

박준석, "한국 RFID/USN 시장활성화를 위한 제언," RFID Journal Korea, 2009년 1월.

박준호, 김은수, 경상북도의 임베디드 **RFID**산업 육성방안, 대구경북연구원, 2006.

변의석, 박민영, 물류정보망의 종합연계체계 구축방안, 연구총서 98-06, 교통개발연구원, 1998.

서상범, 김태승, 김용진, 물류산업경쟁력 강화를 위한 종합물류업 활성화 방안, 교통개발연구원, 2004.

유승화, 유비쿼터스사회의 **RFID**, 전자신문사, 2005.

유환필, "지역물류현황조사 문제점 및 대응방안," 교통 기술과 정책, 제5권 2호 (2008년 6월), pp. 163-166.

이동만, 장성희, 안현숙, "u-비즈니스를 위한 RFID시스템 도입에 관한 실증연구," 정보시스템연구, 제15권, 제4호(2006년 12월), pp. 225-245.

이영수, 이종학, "대구지역 기업의 물류아웃소싱 전략," 해운물류연구, 43호(2004년 12월), pp. 101-124.

이재민, 서상범, 국가경쟁력 강화를 위한 국가물류비 감소대책(2단계), 교통개발연구원, 2004.

이재민, 이상범, **2002**년 국가물류비 산정 및 추이분석, 교통개발연구원, 2004.

이종학 외, "물류아웃소싱 유형의 결정요인과 성과에 관한 연구," 한국무역학회지, 제27권, 제2호, 2002, pp. 278-299.

이종학, "대구지역 기업의 아웃소싱실태와 발전과제," 한국국제경영관리학회 · 한국국제경영학회 2003년 춘계연구학술발표회 논문집, 2003.

장성희, 이동만, "조직의 자원을 고려한 RFID 도입단계별 영향요인에 관한 실증연구," Asian Pacific Journal of Information Systems, Vol. 19, No. 3 (Sept. 2009), pp. 123-150.

전국경제인연합회, 물류정보화 및 전자물류 이용실태, CER-2003-29, 2003.

정봉현, **21**세기 종합물류 정보망의 구축실태와 발전방향, 전남대학교 출판부, 2005.

지식경제부, RFID/USN지역세미나 및 기술상담회, 2009년 9월 10일, 대구광역시.

채명진, "안전(u-safety)을 위한 도로, 교량, 터널의 시공 및 유지관리 단계의 RFID/USN 구축사례," 2009 RFID/USN 지역 세미나 논문집, RFID/USM 센터, 2009.

표철식, 박상준, 김기일, 김동균, 이문규, 김관중, 김선진, 서정해, 훤히 보이는 **RFID/USN**, 전자신문사, 2008.

하영석, 고용기, 영일만 신항 개발에 따른 대구 · 경북권 신 물류운송체계의 구축, 대구경북연구원, 2005.12.

Foster, T. A., "On the Rebound: New Interest in Where Supply Chain Technology Can Take a Company," *Global Logistics & Supply Chain Strategies*, March 2004, pp. 32-41.

Gadh, R., "Getting From Mandates to a Wireless Internet of Things,"

Computer World, Oct. 4, 2004.

Gooley, T., "C-TPAT Benefits Outweigh Costs," *Supply Chain Management Review*, January/February 2005, pp. 11-12.

Lieb, R. C. and Brooks, A. B., "The Use of Third Party Logistics Services by Large American Manufacturers: The 2003 Survey," *Transportation Journal*, Vol. 43, No.3(2004), pp. 24-33.

Poirier, C. C. and McCullum, D., *RFID Strategic Implementation and ROI: A Practical Roadmap to Success*, J. Ross Publishing, 2006.

Roberti, M., "Purdue Pharma Gets Down to the Item," *RFID Journal*, January/February 2005, pp. 13-21.

Sullivan, L., "Cattlemen's Beef Association Readies RFID Program," www.information.com, December 23, 2004.

Violino, B., "I Want You to Tag Your Shipments," *RFID Journal*, January/February 2005, pp. 31-35.

Wailgum, T., "Kimbley-Clark's Secrets to RFID Success", http://www.cio.com/article/, July 2007.

http://news.chosun.com/site/data/html_dir/2007/05/25/2007052500178.html

http://news.chosun.com/site/data/html_dir/2007/05/27/2007052700465.html

별첨자료

표 1 현장답사 업체

업종	업체명	방문일	비고
제조업	송월타올	07년 2월 28일	제직업
	금복주	3월 8일	주류업
물류업	대구물류센터	3월 13일	창고/운송업
	대구화물터미널	3월 20일	운송업
	CJ GLS 대구 터미널	3월 20일	CJ 계열사
	하이 로지스틱스	3월 20일	LG전자 계열사
	동아백화점 물류센터	5월 11일	물류부서
유통업	삼성테스코 홈플러스	3월 23일	할인점
	동아백화점 및 의류점	5월 11일	백화점
RFID관련 업체	(주)아이디정보시스템	5월 17일	RFID S/W업체
	(주)크라또	5월 17일	RFID 솔루션

표 2 물류정보화 관련 부처별 정책동향

부처	관련법규	주요 내용
해상수산부	항만법	• 해운 및 항만업무관련 전산처리 규정 - 항만운영전산망 구성 및 운영 근거 - 서식 표준화 및 전자문서 이용 의무화
건설교통부	화물유통촉진법	• 제반 물류관련 정책 및 제도적인 근거법령 - 종합정보전산망 구축 및 운영 근거 - 전자문서의 이용·개발, 법적 인증(효력), 보안 등 근거
산업자원부	무역자동화촉진에 관한법률	• 무역절차 간소화 및 무역업무 EDI 적용 규정 - 통관망(관세청), 무역망 등 추진시 법적 근거
	공업 및 에너지 기반 기술조성에 관한 법률	• 통상·무역·공업·광업·에너지산업 등에 관한 정책 규정 - 산업정보망 추진시 법적 근거
	유통산업발전법	• 유통산업발전기반 조성 및 유통기능 효율화 등을 목적으로 유통정보화 촉진을 위한 법적 지위 규정 - 유통표준전자문서 개발 및 이용촉진, 법적 인증 등 근거 - 물류표준화·자동화·공동화 관련 규정 마련
정보통신부	전기통신기본법	• 정보통신의 진흥, 전기통신 설비의 기술수준, 전기통신망의 관리, 통신위원회의 구성 및 운영 등 전기통신에 관한 기본사항 규정
	전기통신사업법	• 전기통신사업자의 지정, 허가 및 등록에 관한 요건, 전기통신사업자간 적정 경쟁 확보, 이용자 보호, 전기통신설비 설치 및 보전 등 규정 명시
	전산망 보급확장과 이용촉진에 관한 법률	• 전산망의 개발보급과 이용을 촉진하여 정보사회의 기반을 조성할 목적으로 제정된 법률로서 국가기간 전산망 사업의 추진, 관리 및 표준화 규정
	정보화촉진기본법	• 정보화 사회에 대비해 사회 각 분야의 정보화촉진, 정보산업 진흥 등을 도모하기 위한 법률로서 초고속 정보통신망 사업추진 근거
관세청	관세법	• 수출입화물 관세관련 전자문서에 관한 규정
재정경제부	민자유치촉진법	• 정보통신 기반시설(전산망) 구축에 따른 민간자본 유치 및 지원근거 규정

자료원 : 개별 관련법(2002)

주 1. 산업자원부와 정보통신부(일부)는 지식경제부로 통합됨.

주 2. 건설교통부와 해양수산부(일부)는 국토해양부로 통합됨.

표 3 물류정보의 종류

대분류	소분류	항목
화주정보		화주의 성명, 전화 및 팩스번호, 화물의 종류, 중량, 용적, 입고장소, 출발지, 도착지, 운송기간, 운송거리 등
운송기기정보	자동차운송정보	차량정보, 운송용량정보, 운송관리정보
	철도정보	열차운행정보, 열차운행통제정보, 보안정보, 철도컨테이너관리정보
	선박정보	선박운항, 입·출항정보
	항공기정보	항공기운항정보, 하역정보, 보세창고관리정보, 항공터미널정보
	컨테이너정보	컨테이너동정정보, 컨테이너관리정보
화물운송정보		화물집하정보, 개별창고화물정보, 화물터미널정보, 특정화물확인정보, 도로교통정보, 고속도로관리정보
항만정보		항만관리정보, 컨테이너추적정보, 항만작업정보, 화물유통통제정보, 작업지시정보, 선박도착정보, S/O정보, B/L정보, 보세창고정보, 장치장정보
수출화물검사정보		검량정보, 검수정보, 선적검량정보 등
화물하역정보		하역업체정보, 하역진척정보, 하역실적정보, 자동차상·하차정보, 철도상·하차정보, 선적정보 등
보험정보		화물보험정보, 컨테이너보험정보, 자동차운송보험정보, 철도운송보험정보
화물통관정보		수출입신고정보, 수출입면장획득정보, 관세환급정보, 항공화물통관정보

표 4 국내 주요 생산업체 (2005년 4월 기준)

업체명	생산품목	비고
삼성전자/삼성태크윈	칩, 태그	13.56MHz RFID 칩 개발 900MHz RFID 태그 양산 설비 도입
쓰리에이로직스	칩, 태그	RFID 태그용 안테나/칩 설계 및 개발 RFID 리더기용 칩 설계 및 개발
(주)넥스지텔레콤	칩, 태그, 리더기	LGT, KTF 칩 내장 휴대전화기 사업자 계약 체결
하이셀	태그	RFID(스마트 라벨)사업과 플립칩(flip chip package) 접합방식의 사업
(주)에이치엔터	태그, 리더기	일본 빠찡코용 RF리더기기 개발 및 납품 ETRI주관 UHF-RFID 및 유비쿼터스 네트워킹 공동기술개발(2004.3) Passive형 리더기기 개발
LG산전/LG이노텍	태그, 리더기	RFID 태그, 리더기 개발 900MHz 태그와 리더기 개발중
INA	태그, 리더기	1999.10설립 일본 회사들과 기술 합작을 통한 스마트카드용 태그와 리더기 사업 전개 중
(주)알에프링크	태그, 리더기	태그와 리더기를 개발, 제도, 판매 LG산전 생산관리용 태그 공급
키스컴	리더기	순수 국내기술로 UHF(900MHz) 대역 RFID 리더기 개발
(주)DNS Technology	리더기	카드리더기 단말기(13.56MHz) 위치추적시스템(433MHz), UHF대역 RFID 리더기 개발
(주)ECO	리더기	산업용 13.56MHz 리더기 및 안테나 개발 도서관용 RFID 시스템 RFID 미들웨어 개발
(주)인시스	리더기	스마트카드 리더기 개발
LG히다찌	뮤칩(μ-chip) 뮤리더기 (μ-Reader)	RFID-뮤칩, 뮤리더기 IC-Card, 스마트카드 솔류션, IC Chip(MULTOS/Java Card) 디지털보드(R-84X, F-75, T-18, T-17, T-15)

표 5 RFID의 주파수 대역별 특성비교

주파수	저주파(LF)	고주파(HF)	초고주파(UHF)		마이크로파
	125.134KHz	13.56MHZ	433.92MHz	860~960MHz	2.45GHz
인식거리	60cm미만	60cm까지	50~100m	3.5~10m	1m 이내
일반특성	• 비교적 고가 • 환경에 의한 성능저하 거의 없음	• 저주파보다 저가 • 짧은 인식거리와 대중 태그인식이 필요한 응용분야에 적합	• 긴 인식거리 • 실시간 추적 및 컨테이너 내부습도, 충격 등 환경 샌싱	• IC기술발달로 가장 저가로 생산가능 • 다중태그인식거리와 성능이 뛰어남	• 900대역태그와 유사한 특성 • 환경에 대한 영향을 가장 많이 받음
동작방식	수동형	수동형	능동형	능동/수동형	능동/수동형
적용분야	• 공정자동화 • 출입통제/보안 • 이력관리 • 동물식별	• 수화물관리 • 대여물품관리 • 교통카드 • 출입통제/보안	• 컨테이너관리 • 실시간 위치추적	• 유통관리 • 공급망관리 • 자동통행료징수	• 위조방지 • 여권, ID • 자동통행료징수
인식속도	저속 ← → 고속				
환경영향	강인 ← → 민감				
태그크기	대형 ← → 소형				

출처 : 이광수 등, “RFID를 활용한 웹기반 u-창고관리시스템 개발에 관한 연구,” 한국경영과학회, 대한산업공학회 춘계 공동학술발표대회 논문집, 2005.

표 6 RFID 요소기술별 목표 수준

기술 영역	요소기술		2004	2006	2008	2010
태그 (칩)	초소형안테나기술		프린팅안테나	센싱태그용	On-chip형	
	칩기술		단일대역 CMOS (Flip Chip 기반)	초저가 CMOS (FSA 기반)	Polymer, Chipless	
	패키징 기술		Paper-thin	환경내성 패키징	응용적합	
	변복조 기술	능동	협대역 디지털방식	임펄스 방식	가변방식	
		수동	부하변조 저전력 변조 (고효율 전력 변환)		MEMS 스위칭	
	주변정보감지기술		사물인식	센싱기능통합		자율제어
리더기	안테나 기술		단일대역	다중대역	초광대역	
	RF 기술		433/900MHz/2.4GHz		초광대역	
	충돌방지 기술		100Tag/초 40kbps	200Tag/초 100kbps	300Tag/초 200kbps	
	변복조 기술		협대역 디지털변조	임펄스 변조	가변변조	
	간섭회피 기술		지향성	다중엑세스	공간 다중엑세스	
	주변정보 인식		위치인식	상황인식	상황자율대처	
미들웨어	기기 모니터링/관리		중앙 집중	분산 제어	지능형 제어	
	데이터 모니터링/관리		ID 데이터	이력 데이터	센서 데이터	
	객체 정보 관리		정적 정보	이력 정보	센서 정보	
	애플리케이션 통합		데이터 통합	내부프로세스 통합	B2B프로세스 통합	

자료원 : 박준호, 김은수, 경상북도의 임베디드 · RFID산업 육성방안, 대구경북연구원, 2006, p. 64.

표 7 세계 대형 유통업체의 RFID 도입 동향

순위	국가	기업명	전자태그 도입현황	매출액 억달러	전체태그 채용규격
1	미국	Wal Mart	- 2005년1월까지 납품상위 100개사 - 2006년1월까지 납품상위 300개사에 전자태그 부착 의무화	2,296	UHF대 코드:GTIN(EPC)
5	독일	Metro	- 2004년11월까지 납품상위100개사에 전자태그 부착 의무화	483	코드:GTIN(EPC)
6	미국	Target	- 2005년 봄까지 주요 납품회사 - 2007년 봄까지 전체 납품회사에 전자태그 부착 의무화	427	UHF대 코드:GTIN(EPC)
8	영국	Tesco	- 2004년9월에 일부제품 케이스에 부착개시 - 2006년4월까지 납품상위 100개사에 전자태그 부착 권고	401	코드:GTIN(EPC)
11	미국	Albetsons	- 2005년4월까지 납품상위 100개사에 전자태그 부착 권고	356	코드:GTIN(EPC)

출처 : 일본경제산업성(2005.4.25)

표 8 D백화점과 거래를 하고 있는 의류업체 통계(2006년 기준)

입주업체명	연간 매출(단위: 천원)	연간 판매 수량(단위: 벌)
여성의류		
모라도	966,379	5,212
박혜숙	751,646	1,772
울티모	716,836	1,940
크리에타	557,988	3,717
박윤수	569,886	1,482
마담포라	482,866	1,484
와이드앤드엠	397,917	831
제니한	349,907	1,470
앙스모드	244,353	1,132
정훈정	237,060	447
이얀즈	322,856	8,584
핑크피그	32,620	1,138
쿱	368,784	3,221
투에스티	302,375	2,343
예예콜렉션	260,284	2,437
도호	638,715	2,076
벨리드	252,745	3,175
크리에타	557,988	3,717
전상진	276,104	2,270
남성의류		
캘럭시(정장)	555,562	1,578
닥스(정장)	539,284	1,965
로가디스(정장)	481,176	1,249
지방시무쉬	424,109	839
마에스트로(정장)	372,599	1,082
바쏘	295,530	948
캠브리지	284,701	847
닥스(정장)	219,324	600
씨저스	366,485	5,662
젝팟	127,150	2,072
스포트웨어		
이동수스포츠	971,002	5,598
코오롱스포츠	904,053	6,741
K2	711,452	5,296
노스페이스	700,760	5,866
울시	701,786	4,111
닥스골프	662,537	3,954
잭니클라우스	523,313	4,041
컬럼비안	502,504	3,529
힐라골프	484,313	3,511
PGA투어	366,286	2,610
총 계	18,357,362	110,557

색 인

G

I

J

K

L

M

O

P

R

ㅂ

ㅅ

ㅇ

ㅈ

ㅊ

ㅋ

ㅌ

ㅍ

ㅎ

21세기 물류혁명을 위한
유비쿼터스 혁신전략

인 쇄 2010년 9월 27일
발 행 2010년 10월 1일

저 자 최 무 진
펴낸이 신 일 희
펴낸곳 계명대학교출판부
(704-701) 대구광역시 달서구 달구벌대로 2800
TEL : (053) 580-6233
FAX : (053) 583-5213
출판등록 : 제347-1998-1호

ISBN 978-89-7585-519-1 정가 15,000원
* 잘못된 책은 교환하여 드립니다.